Sizilien

Meine Lieblingsplätze

◆

Caltabellotta
mit Blick über die ganze Insel und dem besten Olivenöl der Welt
S. 71

◆

Stromboli
An einem diesigen Tag den ewig grollenden Berg besteigen und sich dabei vollkommen der Welt entrücken
S. 96

◆

Der Dom von Monreale
Staunen am Morgen, wenn das erste Licht einfällt und das Innere des Normannenbaus in ein goldenes Bad taucht
S. 76

Liebe Leserin, lieber Leser,

MERIAN berichtet über Städte, Landschaften und Länder. Diesmal haben wir uns einen ganzen Kontinent vorgenommen – Sizilien. Die Fülle an aktuellen und vergangenen Welten, die sich auf dieser Insel entdecken lassen, sucht ihresgleichen: ein einzigartiges Völker- und Sprachgemisch, einst der geistige und geografische Mittelpunkt der antiken Welt, heute ein modernes Land, das den Besucher mit seiner Lebensfreude und seinen sinnlichen Genüssen in die weit offenen Arme nimmt.

Und wenn auch allein die Namen der Menschen ein ganzes Heft füllen würden, die seit Thukydides über Sizilien geschrieben haben – es gibt doch immer noch Neues. Wir fanden auf Stromboli das Haus des deutschen Dichters Armin T. Wegner, der heute in Italien besser bekannt ist als bei uns; wir warfen einen geologischen Blick auf den Ätna, den unverstandenen Sonderling unter den Vulkanen; wir begleiteten den Mafiajäger Leoluca Orlando durch Palermo und fanden, dass Wahlen dort etwas anders ablaufen als in Resteuropa.

Die reiche Geschichte der Insel und was von ihr überkommen ist, ist für viele ein Grund, die Insel zu bereisen. Wir haben in der Vergangenheit geforscht und sind auch dort auf überraschende Zusammenhänge gestoßen. Unser historischer Überblick mag Ihnen ein wenig helfen, die überaus verwickelte Geschichte Siziliens besser zu verstehen.

Aber bei alldem nahmen wir uns auch Zeit und Muße, um uns durch die Märkte und Küchen der Insel zu schmecken und Weinbauern, Köche und Konditoren nach ihren Geheimnissen zu fragen. Denn wir möchten Ihnen Lust machen, Sizilien mit allen Sinnen zu entdecken.

Herzlich, Ihr

Andreas Hallaschka
MERIAN-Chefredakteur

Für MERIAN unterwegs

RECHTSORDNUNG Autorin Swantje Strieder verhandelt mit dem einzigen Polizisten der Insel Salina Seite 84

ERINNERUNG Mischa Wegner, Sohn des Dichters Armin T. Wegner, mit MERIAN-Redakteur Roland Benn (re.) auf Stromboli Seite 96

GENUSS Fotograf Gerald Hänel (l.) und Autor Fritz-Jochen Kopka gingen gemeinsam mit dem Gastronomen Corrado Falco (Mitte) auf kulinarische Entdeckungsreise Seite 56

Sizilien

SEITE 28

BETÖRENDE STADT

Lebenslustig und korrupt: die schönen und die dunklen Seiten Palermos

MERIAN | Reise-Service ab Seite 111

ZEITSPRUNG
Die Säulen der Athene

Wer nichtsahnend den Domplatz von Syrakus betritt, kann sich auf eine seltsame Zeitreise gefasst machen: Hinter der barocken Fassade des Gotteshauses verbirgt sich eine Basilika aus dem siebten Jahrhundert, aber dann geht es noch ein Jahrtausend weiter: Die Kirche wird getragen von einem antiken Skelett, dorische Säulen stützen das Dach. Sie stehen seit 480 v. Chr. und stammen von dem Athenatempel, den Gelon, Tyrann von Gela und Syrakus, nach dem Sieg über Karthago in der Schlacht von Himera errichten ließ. Beim Umbau in eine dreischiffige christliche Basilika wurden die Cellawände aufgebrochen und zu Arkaden erweitert, das einstige Tempelportal wurde geschlossen und zum Altarraum umgebaut.

Erbfrage

Bei der Auszeichnung als Welterbe durch die UNESCO geht es nicht allein um die kulturhistorische Bedeutung eines Monuments oder Naturdenkmals, es ist auch ein Politikum. Die UNESCO wählt nicht nach eigenem Gusto aus, sie urteilt über Anträge aus den Ländern. Und die sind manchem Gemauschel unterworfen. Nur so ist zu erklären, dass die Tempel von Segesta und Selinunt, die Dome von Cefalù und Monreale, das Theater von Taormina nicht dazu gehören, wohl aber die verfallenden Barockstädte des Val di Noto. Weitere: Syrakus mit der Nekropole von Pantalica, die Villa del Casale, das Tal der Tempel in Agrigent und die Liparischen Inseln. Fünf Welterbestätten, so viele wie in Sachsen-Anhalt.

Sizilien: zum fünften Mal entdeckt und jedes Mal ein neues Titelmotiv

1959 1976 1988 1999

RELIGION **Prost Prozession**

Ostern ist ganz Sizilien in Gottes Hand. Mit einer Ausnahme: In Prizzi ist Teufelsball. Teufel in Masken tanzen ausgelassen, aber dann kommen die Madonna und Christus, bekämpfen die roten Teufel, schließlich siegt Christus. Die Freude darüber geht in ein Saufgelage über. Die Teufel nehmen in den Bars Geiseln und lassen sie erst gegen flüssiges Lösegeld wieder frei.

CITROËN empfiehlt TOTAL
SIE GLAUBEN AN WIEDERGEBURT?
HIER STEHT DER BEWEIS.
Der CITROËN C6. Er ist der Nachkomme einer „Göttin" – und genau wie die legendäre CITROËN DS sorgt er für staunende Blicke. Wegen seines außergewöhnlichen Designs. Weil er neue Maßstäbe beim Komfort setzt. Weil er seiner Zeit voraus ist. Mit einer hydropneumatischen Federung mit elektronisch geregelter Abstimmung und Dämpfung. Mit Head-up-Display, einem AFIL-Spurassistenten und mitlenkenden Bi-Xenon-Scheinwerfern. Er bildet genau die Ausnahme, auf die viele gewartet haben. Ab € 290,– / Monat*.
*Leasingangebot der CITROËN BANK für den CITROËN C6 HDi 170 Biturbo FAP bei € 6.990,– Mietsonderzahlung zzgl. Fracht, 36 Monaten Laufzeit und 15.000 km/Jahr Laufleistung. Privatkundenangebot bei allen teilnehmenden Händlern. Kraftstoffverbrauch innerorts 8,7 l/100 km, außerorts 5,4 l/100 km, kombiniert 6,6 l/100 km. CO_2-Emission kombiniert 175 g/km (gemäß RL 80/1268/EWG).
www.citroen-c6.de
CITROËN C6
NICHTS BEWEGT SIE WIE EIN CITROËN

REIZEND **Knabenknipser**

Wilhelm von Gloeden (1856-1931) gilt als „Entdecker" Taorminas. Seine Fotografien vorwiegend nackter Knaben in antikisierender Aufmachung wurden in den Metropolen Europas gefeiert und lockten die Prominenz des Fin de Siècle an die Ostküste. Aber Gloeden wäre nie in die Stadt gekommen, hätte er nicht zuvor Otto Geleng kennen gelernt, den deutschen Bürgermeister von Taormina. Die Freundschaft mit Geleng war es auch, die zur Tolerierung der offensichtlichen Homosexualität Gloedens beitrug. Seit seiner Wiederentdeckung, vor allem 1977 auf der documenta 6 in Kassel, gilt er als Pionier der Fotografie.

DREHORTE

Stromboli (1950) Regie: Roberto Rossellini, gedreht auf Stromboli.
L'Avventura (1960) Michelangelo Antonionis Streifzug durch halb Sizilien, von Palermo über Bagheria, Messina, Taormina, Syrakus, Noto bis zu den Äolischen Inseln.
Il Gattopardo (1963) Luchino Viscontis Meisterwerk spielt in Palermo, einzelne Szenen auch in Piana degli Albanesi und Cefalù.
Der Pate (Teile 1 bis 3, 1972-1990) Francis Ford Coppola drehte an der Ostküste Siziliens, in Forza d'Agro und Fiumefreddo, und in Palermo.
Nuovo cinema Paradiso (1988) Regie: Giuseppe Tornatore, Cefalù, das Kastell in Castelbuono und Palazzo Adriano sind Drehorte des Films.
Il Postino (1994) Regie: Michael Radford, gedreht auf Salina.

UNHEIMLICH **Feuerteufel**

2004 spukte es in Canneto bei S. Stefano: Sofas fingen Feuer, Autos explodierten, Handys wählten selbstständig unbekannte Nummern. Das Dorf an der Nordküste wurde evakuiert, der Strom gesperrt, und die Wissenschaft zog ein, aber der Spuk ging weiter. Alle Fernseher gingen an, einem Forscher verbrannte der Schuh. Dann war Ruhe. Keine Nachricht mehr aus Canneto. Frühjahr 2007: Der MERIAN-Redakteur schaut nach. Das Dorf menschenleer. Im einzigen Schaufenster der 68-Seelen-Gemeinde: Feuerzeuge mit dem Bild eines brennenden Fernsehers. Gruselig.

BRUTAL **Fischvernichter**

Noch vor zehn Jahren wurde von April bis Juni die Mattanza, die Tunfischjagd im Westen Siziliens, als archaisch-blutiges Spektakel gefeiert. Schon damals war das Gemetzel eine Touristenattraktion. Heute ist sie nicht einmal mehr das. Im vergangenen Jahr gingen den Fischern auf Favignana vor Siziliens Westküste nur etwa hundert Fische in die *tonnara* genannte Fischfalle. So wenig, dass nur eine einzige Mattanza stattfand. Die Grund für den dünnen Fang: Große, meist japanische Fangflotten fischen den Großen Tun, der in Tokio bis zu 150 000 Dollar pro Fisch bringt, vorher in internationalen Gewässern ab. Die Fischfalle von Favignana wird inzwischen von Rom aus verwaltet – von einer Marketingexpertin: Künftig sollen Fischer in historischen Kostümen auftreten und die Mattanza für die Touristen nachspielen.

Der schönste Platz
auf dem Meer.
Costa
Costa
Ferne Länder, faszinierende Kulturen, spannende Städte und herrliche Strände auf über 100 traumhaften Routen erleben: Entdecken Sie die schönsten Plätze der Welt mit Europas größter und modernster Flotte. Urlaub mit Costa Kreuzfahrten – nirgendwo ist das Meer schöner.
Unterwegs mit 12 Schiffen zu 180 wunderbaren Zielen, zum Beispiel 8 Tage Westliches Mittelmeer von April bis Dezember 2008:
Savona • Barcelona • Mallorca • Tunis • Malta • Palermo • Rom • Savona
ab € 599,- p.P.
Jetzt in Ihrem Reisebüro.
Infos unter www.costakreuzfahrten.de
Costa
KREUZFAHRTEN
Die Nr. 1 in Europa!

AUF EWIG **Lebensbund**

Eine Hochzeit in Sizilien ist ein Riesenfest. Und eine Rieseninszenierung. Fotografen können durchaus ein gutes Leben fristen, wenn sie sich auf die Ablichtung des Großereignisses spezialisieren. Besonders wichtig ist den Paaren die Kulisse: Um die Braut vor den Ruinen in Selinunt (oben) oder Agrigent zu knipsen, nimmt die gesamte Hochzeitsgesellschaft schon eine Tagesreise in Kauf. Besonders beliebt sind auch der Strand von Cefalù und der Monte Pellegrino hoch über Palermo. Was man dabei nicht vergessen sollte, ist die Kehrseite der angenehm unmodernen Feierei: Zwangsehen sind in Sizilien noch immer nicht ausgerottet, und manche junge Frau, die gegen den elterlichen Willen ihrer Liebe folgen will, muss sich bis zur Volljährigkeit vor ihrer Familie verstecken.

AN DER LEINE **Puppenwelt**

Die „Opera dei Pupi" ist in Palermo noch lebendig. Die *puparos* schnitzen, bekleiden, bewegen ihre Figuren und geben ihnen die Stimme. Die 20 Kilo schweren Marionetten führen meist die Verteidigung Siziliens gegen die Araber auf, die, anders als seinerzeit, siegreich endet. Aber es geht nicht um historische Wahrheit, sondern, wie stets, um Liebe, Tod und Eifersucht.

ZUM REINBEISSEN **Hüftgold**

Die Sizilianer mögen's süß. Mandeln, Ricotta, getrocknete Früchte, Pistazien, Honig und Nüsse ergeben in immer neuen Kombinationen feinste Cholesterinquellen. Etwa *cannoli*, luftige Teigröllchen mit raffinierter Frischkäsefüllung, oder Marzipan, besonders, wenn es Früchte kunstvoll nachstellt. Sehr beliebt ist die *cassata siciliana*, eine Torte mit Schokoladen-, Zimt- oder Vanillegeschmack. Natürlich nur nach vererbtem Familienrezept.

www.visitalgarve.pt
quelle der energie.
algarve.
www.teaser.pt
Sonne & Meer
Verleihen Sie Ihrem Geist, Ihren Reizen, Ihrem Gefühl,
Ihrer Ruhe und Ihren Sinnen Antrieb.
Atmen Sie durch, genießen Sie die Sonne, die Strände, die Natur.
Spüren Sie die Energie. Algarve.
TURISMO DE PORTUGAL
algarve

Des Südens ganzer Reichtum

Begehrt und oft erobert, hat die Insel doch immer ihren Charakter gewahrt, ihre Schönheit und unbändige Vitalität

Foto: Raffaele Celentano

Zeit des Erwachens: In der Morgensonne weht die Rauchfahne des gut 3300 Meter hohen Ätna über Sizilien, der größten Insel des Mittelmeers

Foto: Massimo Borchi

Höchste Zeit, das Leben zu feiern

Die Braut eilt zur Trauung, die Gäste fiebern, die Passanten nehmen Anteil: Alltag in der Altstadt von Syrakus

Blaue Stunde,
der Abend kann kommen

Ragusa macht die Lichter an, von der Höhe strömt Kühle durch die Gassen und die Kathedrale strahlt hoch oben über dem alten Ragusa Ibla

Foto: Gerald Hänel

Sonntag
Aussicht auf große Gespräche

Ruhe im Hafen von Lipari. Aber Stille? Das quirlige Zentrum der Äolischen Inseln kennt das nicht, und der Treffpunkt bei den Booten ist stets lautstarke Nachrichtenbörse

Foto: Raffaele Celentano

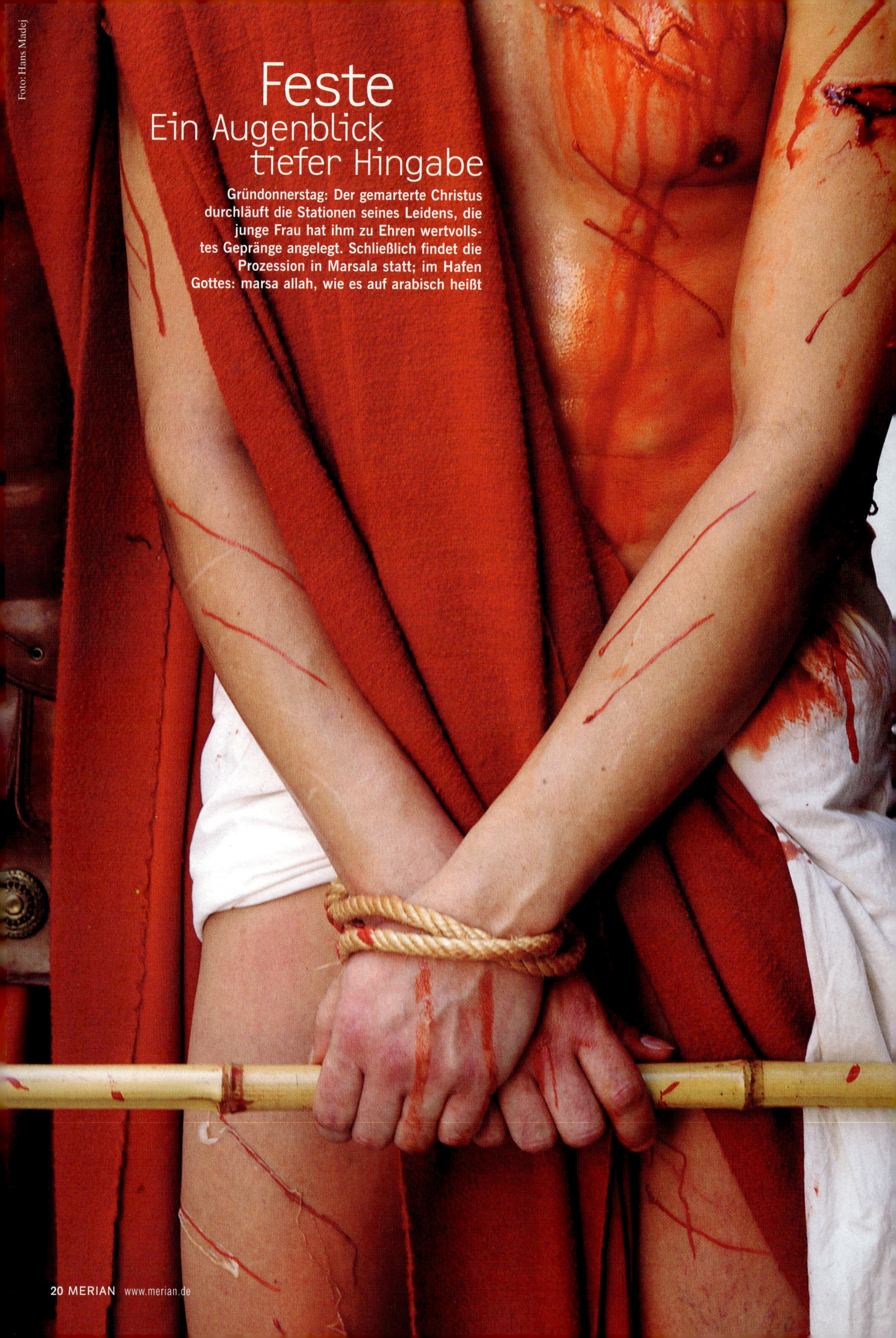

Foto: Hans Madej

Feste
Ein Augenblick tiefer Hingabe

Gründonnerstag: Der gemarterte Christus durchläuft die Stationen seines Leidens, die junge Frau hat ihm zu Ehren wertvollstes Gepränge angelegt. Schließlich findet die Prozession in Marsala statt; im Hafen Gottes: marsa allah, wie es auf arabisch heißt

Foto: Hans Madej

Erinnerung an eine ferne Zeit

Elymer haben den Tempel von Segesta gebaut, ein Volk, von dem wir wenig wissen, das schon vor den Griechen im Westen Siziliens lebte und ihre Kultur rasch übernahm. Der unvollendete Bau aus dem fünften Jahrhundert vor Christus wurde nie genutzt und darum auch nie zerstört

Pause
und ein Platz an der Sonne

Mondello ist der Strand Palermos. Die Eleganz der Kleinstadt lockt die Reichen an, aber auch die, die sie bedienen, verbringen hier ihre freie Zeit

Foto: Hans Madej

Das Zwitschern des Großvaters

Der Schriftsteller Ralph Giordano bereiste Sizilien auf der Suche nach seinen Wurzeln. Seine Entdeckungen und Gefühle schrieb er nieder. Eine Buchbesprechung

Am 27. Juni 2001 wurde Ralph Giordano Ehrenbürger des Städtchens Riesi, und das kam so: „Giacomo Bertini war fünf Jahre alt, als er beschloss, sein erbärmliches Geburtsnest Riesi im sizilianischen Regierungsbezirk Caltanissetta auf dem Rücken eines nachbarlichen Esels unabgemeldet zu verlassen – das Meer, Palermo, Musik!“ So steht es in Giordanos Buch „Sizilien, Sizilien!“, und so beginnt auch sein bekanntester Roman „Die Bertinis“. Jener kleine Giacomo war niemand anderes als Giordanos tatsächlicher Großvater Rocco, der es schließlich um 1900 als Musiker nach Hamburg geschafft hatte. Der kleine Ralph war sieben Jahre alt, als der Opa starb, und die intensivste Erinnerung, die ihm blieb, war die zärtliche Zuneigung des Alten, der das Kind auf die Knie nahm, ihm das Ohrläppchen rieb und dabei zwitschernde Laute von sich gab.

Es sollte Jahre dauern, bis der spätere Schriftsteller begriff, dass dieses Zischeln eine Bedeutung hatte: Mit „Zitschilia, Zitschilia“ hatte der Großvater seine Heimat angerufen.

70 Jahre später macht Giordano sich auf, diese Heimat wiederzufinden. Reist nicht zum ersten Mal, aber zum ersten Mal ganz privat nach Sizilien, zu seinen Wurzeln, von denen er mehr und kräftigere findet, als er geahnt hatte. Das Buch, das er über diese Reise geschrieben hat, ist beste Reiseliteratur: erhellend, einsichtig und vor allem subjektiv. Der Leser erfährt alles, was er über die Insel wissen sollte, über ihre Geschichte, ihre Literatur, ihre Bauern und Fischer ebenso wie über ihre dunklen, rückständigen Seiten und die manchmal entsetzlichen politischen und sozialen Zustände – nicht nur der Vergangenheit.

Giordano hat seinen politischen Blick nicht abgelegt, er vergisst über den Tempeln von Agrigent nicht die Schwefelarbeiter in den tödlichen Minen im Hinterland des Welterbes. Er beschreibt die Sorgen der kleinen Leute, in genau der Auswahl, wie sie ihm begegnet sind. Was dabei am deutlichsten wird, ist seine Bewunderung für den Umgang der Sizilianer mit solchen Nöten: Sie lassen sich von ihnen nicht auffressen, verlassen sich auf Liebe und Freundschaft. Vertrauen und eine unbändige Freude, auf der Welt zu sein – auch diese sizilianischen Sehenswürdigkeiten sind Inhalt des Buches.

Ganz beiläufig wird bemerkt, dass das Städtchen Riesi sich zur atomwaffenfreien Zone erklärt hat, bevor der Leser es gemeinsam mit Giordano betritt und das Standesamt aufsucht, wo die Beamtin den Folianten des Jahres 1865 herauswühlt und darin nicht nur Opa Rocco findet, sondern die Urgroßeltern gleich dazu.

Die Wurzeln, die Giordano aufspürt, sind allerdings weit mehr als nur familiärer Natur, sie sind auch literarisch. Vor allem dort, wo ein Kollege lebte, der, nur zwei Jahre älter, ihm ein Bruder im aufklärerischen Geiste war: Leonardo Sciascia aus Racalmuto, Provinz Agrigent. Das Werk des Hu-

„Unser Tisch wird vom Fahrrad eines kleinen Jungen angestoßen, so heftig, dass die Gläser umfallen. Was geschieht? Gar nichts, kein einziges Schimpfwort, keine Empörung. Der Wirt räumt das Geschirr stumm weg, wischt den Tisch sauber und bringt die gleichen Getränke noch einmal.“

In Butera

„Oliven über Oliven, Berge von Kartoffeln, ein Stand nur mit Sardellen, gefüllt in Gläser, Dosen und Tonnen; erschreckend große Zucchini, die Rosinen der ganzen Welt. In Luft und Sonne schaukelnde Büstenhalter, wie für die gesamte weibliche Menschheit ...“

Auf dem Markt von Caltanissetta

Eine Landschaft, um darin Wurzeln zu schlagen: das Hinterland von Enna, Siziliens Zentrum

„Aus einem zweistöckigen Haus kommt eine Frau heraus. Sie sieht mich, macht Anstalten, die Tür zu schließen, geht dann aber wieder hinein. Ich erblicke eine dicke Palme, ohne Wedel, als wäre in ihr alles Leben erloschen, doch an einigen Stellen sprießt Grün heraus, als wollte sich das Chlorophyll nicht austrocknen lassen. Hier könnte ich Wurzeln schlagen."

In Erice

manisten, Lehrers und Krimiautors („Jedem das Seine", „Das Gesetz des Schweigens") ist für Giordano eine „Kriegserklärung an das Geflecht zwischen politischer Macht und organisiertem Verbrechertum". Für Giordano Anlass, die nun wirklich in keinem Reiseführer erwähnten, aber von Scascia beschriebenen Verbrechen der deutschen Wehrmacht in Sizilien in Erinnerung zu rufen und das Verhältnis der Sizilianer zu ihren jeweiligen Eroberern zu entwickeln.

An dieser Stelle gelingt Giordano – man möchte sagen: gemeinsam mit Sciascia – ein tiefer Blick in die sizilianische Seele: „... auch die neuere Geschichte ist geformt von ‚nicht verwirklichten Ideen' und ‚schmerzlich enttäuschten Hoffnungen'. Hier ist eine historische Furcht geronnen in ein Misstrauen, das auch durch eine Periode fehlender Invasionen nicht aufgehoben werden konnte.

Das gebiert ein irreales Verlangen nach Vergessenwollen – einfach vergessen, dass es das Meer gibt, dass Sizilien eine Insel ist, in der irrwitzigen Hoffnung, man könnte sich hinter den Bergen verstecken. ‚Mein Land, mein Sizilien hat keine Flüsse, und vom Meer ist es so weit entfernt, als läge es mitten im Kontinent', schreibt Sciascia ... ‚Kein Sizilianer ist von den Küsten der Insel je zu einer Eroberung, zu einem Abenteuer aufgebrochen. Am Strand von Gela wurden keine Boote, sondern Karren gebaut.' Welch grauenhafte Erfahrungen, frage ich mich immer wieder, müssen dahinterstecken, wenn Wirklichkeit sich so inständig fortgewünscht wird?"

Zu den Wurzeln, die Giordano findet, gehören natürlich auch die historischen: die Spuren der griechischen Demokratie und der Tyrannis, die aufbrausenden Künste der Araber und Normannen, die Nachwirkungen der spanischen und französischen Fremdherrschaften. Präziser Journalist, der er auch ist, findet er für alle Perioden der Geschichte einen Platz in seiner Reise, aber immer bleibt er dabei Erzähler, Empfindender, Kommentator: Er erwischt die Geschichte dort, wo sie wirkt, wo sie ihm begegnet, und das geschieht ihm, wie jedem wachen Reisenden, ständig.

Dennoch führt Giordano den Leser in eine Welt, die dem Reisenden verschlossen bleiben muss. Es ist nicht nur die eines in Sizilien Verwurzelten, sondern jene, die sich seinem besonderen Blickwinkel öffnet: Giordano schaut mit den Augen eines 80-jährigen politischen Künstlers, aber von einem Kapitel zum anderen auch mit denen des fünfjährigen Ralph, der auf dem Schoß seines Opas sitzt und über die Welt und ihren Klang staunt: eine Mischung aus voraussetzungslosem Staunen und durch Erfahrung gewachsenem Scharfsinn.

Am Ende des Buches erhält Giordano die Ehrenbürgerschaft der Stadt Riesi aus der Hand des Bürgermeisters, begegnet, ein aufwühlender Moment, sizilianischen Verwandten seines Alters und nimmt Abschied. Mehr als 10 000 Kilometer ist er mit Auto und Schiff kreuz und quer über die Insel gereist. Gewiss ist sein Buch kein Reiseführer. Es ist der grundehrliche Bericht einer späten *éducation sentimentale* und daher der denkbar beste Begleiter. □

Ralph Giordano, *„Sizilien, Sizilien! Eine Heimkehr". Kiepenheuer & Witsch, 2004, TB 9,90 Euro.*

„Ich stehe auf dem Platz unterhalb der Festung, von der aus man über halb Sizilien blicken kann. Die Scherenschnitte der Gebirgskämme, Vordergrund ist nicht mehr zu erkennen. Sizilien ertrinkt für eine Weile in Kobaltblau. Dann senkt sich die Nacht herab, und überall auf den Höhen werden die Lichter angezündet."

Über Caltabellotta

Foto: Shobha

Nachdenken über Palermo vor der Kuppel der Theatinerkirche.
Orlando ist sicher: Wahlbetrug hat seinen Sieg verhindert

Palermos betrogener Gatte

Zum vierten Mal wollte Leoluca Orlando Bürgermeister der sizilianischen Hauptstadt werden. Der von vielen als Retter Gepriesene verlor die Wahl, aber nicht den Mut. Schließlich ist er „mit Palermo verheiratet"

Text: Swantje Strieder

Vom Monte Pellegrino gesehen, wirkt Palermo wie ein Traumbild unter den Monti di Calamigna. Doch das täuscht. Die Millionenstadt ist ein Moloch, der wie die Piazza Olivella (u.) mehr von Verfall als von Glanz gezeichnet ist

Unter Orlando blühte die Stadt in den Neunzigern auf – und versank dann wieder in alten Sünden

Ganz nah am Volk: der Exbürgermeister auf dem Fischmarkt

Foto: Raffaele Celentano

Der frische himmelblaue Lack an Aldos Boot ist fast trocken, zufrieden betrachtet der Fischer sein Werk am Kiesstrand bei Palermo. Plötzlich kommt Bewegung in den kleinen Hafen, eine dunkelblaue, gepanzerte Lancia-Limousine fährt vor, zwei Polizisten sichern den Weg. „*'u sinnacu*", ruft Aldo den Männern an der Mole zu, der Bürgermeister kommt. Für die einfachen Palermer ist und bleibt Leoluca Orlando ihr *sindaco*, obwohl doch seit sieben Jahren ein anderer im Rathaus regiert.

Aldo packt seine Plastiktüte mit den frischen Miesmuscheln und rennt los. „Luca, Luca", kreischen die Mamas, selbst die coolen, viel zu dicken Jugendlichen, die auf ihren Motorrollern hocken, lassen für einen Moment die Handys sinken. Wuselnde Anzugträger drängen sich um den Wagen, aus dem der Politiker mit den berühmtesten Tränensäcken Italiens steigt. Der Mann, der 1992 nach der Ermordung der Richter Giovanni Falcone und Paolo Borsellino angeblich als Nächster auf der Todesliste der Cosa nostra stand, der Mafia-Jäger mit dem Blick eines Gejagten. In den Tagen des Terrors, als der italienische Staat zu kapitulieren drohte, hatte er in Großaufnahme in die TV-Kameras geschaut und die Bosse herausgefordert: „*Voglio vivere!*" – „ich will leben", rief er ihnen zu. Leoluca Orlando, der dreimalige Bürgermeister, der den „Frühling von Palermo", die kurze Renaissance der Mafia-Stadt in den 90er Jahren, möglich machte, trat im Mai 2007 noch einmal für den heißesten Bürgermeisterstuhl Italiens an.

Natürlich hat der 59-jährige Politiker hier in der ehemaligen Thunfischfabrik Florio, die heute ein schicker Treffpunkt ist, ein Heimspiel. Wenn Leoluca Orlando sich über die Missstände Palermos heiser redet, über den stinkenden Müll, die miesen Schulen, die hohe Jugendarbeitslosigkeit, den brach liegenden Hafen, die Armut der Alten, über Klientelismus und Auftragsvergabe an mafiöse Firmen, dann jubeln die rund 200 *tifosi* wie beim Spiel des Erstligisten US Palermo gegen AC Milan. Und überhaupt, sein Nachfolger Diego Cammarata von Berlusconis Forza Italia sei gar kein richtiger Bürgermeister, er habe nur ein Desaster in der Stadtverwaltung angerichtet.

Beim Applaus schwenkt der Fischer Aldo die Plastiktüte mit den tropfnassen Miesmuscheln über der Dauerwelle seiner Sitznachbarin, deren Protest im Gejohle untergeht. Eine drahtige alte Frau greift selbstsicher nach dem Mikrophon. „Luca, damals haben wir *mammas* von Palermo dich wie Bodyguards beschützt. Jetzt sind wir ein bisschen gebrechlich geworden, aber wenn ‚die da' dich wieder bedrohen, stehen wir Alten immer noch bereit!"

100 Euro für jede Stimme gegen Orlando. Trotzdem ist er sicher: „Sie lieben mich hier“

Der Kandidat unter Schutz: Allein ausgehen ist zu gefährlich

„Sie lieben mich, die Palermer, das war immer meine Lebensversicherung“, sagt Leoluca Orlando, „mehr als alle Polizeieskorten.“ Aber mit Sympathie allein gewinnt man keine Wahl, weiß auch der Kandidat, der die deutsche Reporterin zum Interview in seinen feudalen Familienstammsitz Villa Virginia gebeten hat. Ein trutziger Gründerzeit-Palast mitten in Palermo, mit knirschenden Kieswegen, rundum elektronisch überwacht. Wir sitzen auf hohen Ledersesseln in der Bibliothek, die Tapete ist aus dunkelrotem Leder mit Liliendekor. Kein blitzblankes Computerbüro, eher eine dunkle Gelehrtenstube voller Bücher, Krimskrams, Aktenstöße, Familienfotos und einer Statue des Padre Pio.

„Warum tu' ich mir das alles an?“, fragt Orlando pathetisch und hebt die Arme, fast so inbrünstig wie der heilige Padre. Diese Wahl. Dieser Stress. Diese politischen Intrigen. 110 neue Busfahrer habe der jetzige Bürgermeister vor der Wahl schnell noch eingestellt, von denen kein einziger einen Führerschein besitze. Orlando zieht an seiner Davidoff, die er nach dem Essen gern raucht. „Wissen Sie, Stimmenkauf hat auf Sizilien Tradition. Aber die Cosa nuova, die Neue Mafia, arbeitet mit moderner Technik: Da bekommen Wähler in umstrittenen Zonen ein Foto-Handy mit in die Wahlkabine, knipsen als Beleg, wie und wo sie das Kreuzchen machen, und kassieren anschließend 100 Euro!“ Sizilien bleibt Sizilien.

Und er ist die Ikone der Sizilianer. Sie lieben und sie hassen ihn, manchmal beides in einem Atemzug. Sie würden ihn für ein paar Silbergroschen verraten und dann bitterlich weinend zur Schutzheiligen Santa Rosalia auf den Monte Pellegrino pilgern – oder zumindest mit dem Auto hochfahren. „Du hast mich ruiniert mit deinem Mafia-Gebrüll, zur Hölle mit dir“, schrie ihm einmal ein Vorstadt-Boss ins Gesicht, „aber eins muss man dir lassen, Bürgermeister, du hast *un paru ri cugghiuna*“, ein hohes Lob der edlen Mannesteile, ein Kompliment, das hier jeder versteht. „Professore, hier in Sizilien bekommt man die Wählerstimmen durch Drohen, durch Bezahlen oder mit dem Bauch“, hat einmal ein Palermer zu Orlando gesagt, „Sie können uns weder bedrohen noch bestechen, also müssen Sie schon unsere Gefühle erobern.“ Charisma nannten das die alten Griechen, eine Göttergabe.

Wie er so dasitzt, der Charismatiker, im lockeren Blazer, Haare dunkel, Schläfen grau, Mobiltelefon, Füllfederhalter und ein Batisttüchlein in der Brusttasche – jeder Zoll ein Herr. Auch ein Herr der Gegensätze: Der linkskatholische Sproß einer alten sizilianischen Adelsfamilie. Der brillante Jura-Professor, der in Heidelberg Philosophie bei Gadamer hörte. Der

Schöne Aussicht: Vom Rathaus sieht man die Fontana Pretoria

Zur Erholung ins Grüne: der botanische Garten nahe dem Stadtzentrum

Kaum eine Gasse der Vucciria ist so gut erhalten wie diese, immer mehr Menschen verlassen die Altstadt

Foto: Shobha

Foto: Bernd Jonkmanns

Ein Juwel für Freunde der italienischen Oper: Jahrzehnte verfiel das Teatro Massimo, dann eröffnete Bürgermeister Leoluca Orlando 1997 die in Rekordzeit renovierte Spielstätte neu

Schießen statt bolzen: Im Mafiaviertel Borgo Vecchio wird Cosa nostra gespiel

Mafiabosse laufen frei herum, der Kandidat kann nicht ohne Schutz sein Haus verlassen

Blick nach oben, Hände hoch. Orlando lebt von seinem Charisma

Selten zeigt sich Palermo so gepflegt und ehrwürdig wie am Dom und beim Palazzo des Erzbischofs

populistische, in allen Farben schillernde Politiker im italienischen und im EU-Parlament, der in keiner Partei länger Heimat findet, weil er sein eigenes Programm ist.

Und der Mann, der internationales Flair ins stickige Palermo bringt. Vertraulich beugt er sich vor, um mit Anekdoten die beschränkte Sicht seines Wahlkonkurrenten zu belegen. Und hält dagegen, wie gern die Welt zu Gast bei ihm sei: allen voran seine Freundin Hillary, die ihm nach gewonnenen Vorwahlen im Februar gratulierte: „Sie werden Ihren Kampf gewinnen – und ich den meinen!“ Ms. Clinton meinte die US-Präsidentschaft. Dann kramt er Fotos mit seinen „lieben deutschen Freunden“ hervor: Alfred Biolek, Sandra Maischberger, Günter Grass und Klaus Staeck. „Ah“, ruft er, „da ist ja auch der Otto drauf“, und deutet auf das Antlitz von Ex-Minister Schily. Dann öffnet sich die schwere Holztür und Milli Orlando bringt zwei Tässchen Espresso, um sich sofort zurückzuziehen. Kaum hat sie die Tür geschlossen, ruft Orlando: „Sie ist schuld!“ Woran? „An meiner Kandidatur natürlich!“

Ganz Palermo weiß, dass es Milli gibt. Schließlich ist sie seit 35 Jahren seine Frau, Mutter seiner zwei Töchter, Oma zweier süßer Enkel, aber niemand in der Öffentlichkeit kennt ihr Gesicht. Seit dem 16. Juli 1985, als Leoluca Orlando das erste Mal Bürgermeister der damals schwer angeschlagenen Mafia-Stadt wurde, ist sie unsichtbar. Zu ihrem eigenen Schutz und auch aus Gewohnheit. Als Orlando im vergangenen Herbst mal wieder Zweifel an seiner Kandidatur hegte, antwortete sie: „Weißt du, Luca, ich habe unsere Kinder wie eine alleinstehende Mutter großgezogen, oft genug um dein Leben gebangt und mehr hinter verschlossenen als offenen Türen gelebt. Aber du bist nun mal mit Palermo verheiratet, das habe ich schon längst akzeptiert.“ Seither wirbt er erneut um seine kapriziöse Angetraute Palermo.

„Gewählt werde ich mit den Stimmen derer, die nichts haben, und derer, die alles, vor allem die geistige Freiheit, haben“, tönt der Kandidat. Seine Anhänger, die ganz Armen, die Tagelöhner, das liberale Bürgertum, junge progressive Unternehmer, Künstler, Studenten, sie hoffen auf goldene Zeiten wie 1993 bis 2000, als Orlando im Rathaus für eine kulturelle und wirtschaftliche Blüte Palermos sorgte – deren Früchte er selbst nicht genießen kann. Denn während manche Mafiosi dank finassierender Verteidiger frei herumlaufen und ihre Prozesse bis zum Sankt-Nimmerleins-Tag hinziehen, lebt der Anti-Mafia-Bürgermeister in einem nur hauchdünn vergoldeten Gefängnis. Gern würde er uns sein Palermo zeigen. Wie alle morgens den dampfenden Kaffee in der Bar an der Ecke genießen, wo

Ein Verlierer, der nicht aufgibt. Der nächste Wahlkampf wird kommen

das Zischen der Espressomaschine und das Klappern der Teelöffel den Tag einläuten. Ein Eis essen in der noblen Fußgängerzone der Via Principe Belmonte, die er selber eingerichtet hat? Er schnalzt abwehrend mit der Zunge wie ein Sittich im Käfig. Nicht ohne meine Polizeieskorte, sagt er. Ein Sprung auf die Märkte Vucciria und Ballarò, wo die Fischhändler mit arabisch anmutendem Singsang ihre Ware feilbieten? Daraus wird nichts. Ein Spaziergang mit Milli am weißen Strand von Mondello, wo die reichen Schönen von Palermo ihren Campari auf den Terrassen der Jugendstilvillen schlürfen, die er als Bürgermeister vor dem Abriss bewahrte? Nie ohne Bewacher.

Es war das Paradestück seiner Amtszeit, den opernbegeisterten Palermern ihr Teatro Massimo wieder zu öffnen. Seit 1974 hing am einstmals eleganten Opernhaus das Schild „*chiuso per restauro*" – wegen Bauarbeiten geschlossen, die gebräuchliche Art der Mafia, es Verfall und Abriss preiszugegeben. Millionen für die Sanierung versickerten. Während des mehr als 20-jährigen Leerstands wurde der Musentempel nur ein einziges Mal entstaubt: sinnigerweise für die Opernszenen in Francis Ford Coppolas Mafia-Film „Der Pate III". Auf den eleganten Eingangstreppen mit den Bronzelöwen wurde auch die Schlussszene gedreht, in der die bildhübsche junge Mary (Sofia Coppola), Tochter des Paten (Al Pacino), von einem Killer erschossen wird. Der Schlussakkord unter Orlando war dagegen wunderbar und ganz ohne Gewalt: Am 12. Mai 1997, nach nur zweijähriger Restaurierung und rechtzeitig zum 100. Jahrestag der Eröffnung, stand Maestro Claudio Abbado vor den Berliner Philharmonikern am Pult. Für die Palermer war die Auferstehung ihrer Oper ein Wunder und Orlandos Abgang auf der Treppe des Paten ein Triumphmarsch. Heute sitzen die Damen auch im Sommer mit Pelzjäckchen, die Herren im dunklen Anzug in den Logen aus dunkelrotem Samt und schauen durchs Opernglas auf tout Palermo. Ohne ihren Mitbürger Leoluca Orlando, der sitzt, von Kameras bewacht, zu Haus.

Orlando hat die Wahl am 14. Mai verloren. Natürlich, wie seine Leute sagen, durch Betrug der Berlusconi-Partei. Natürlich wird gegen das Ergebnis geklagt, natürlich ohne Folgen. Wenn er nicht Bürgermeister werde, „dann werde ich fünf Jahre weinen … um Palermo", sagte er im Wahlkampf. Und dann wird wieder gewählt. □

Swantje Strieder *besuchte Palermo oft in ihrer Zeit als Rom-Korrespondentin und berichtete schon in den neunziger Jahren über Leoluca Orlandos Kampf gegen die Mafia.*

MERIAN | TIPP Palermo

3000 Jahre Pracht und Niedergang

Siziliens pulsierende Hauptstadt erstreckt sich an einer langgestreckten Bucht. Was von der See her märchenhaft aussieht, erweist sich als gigantischer Moloch, der sich weit in das Umland hineingefressen hat. Einerseits geht die Stadt im Verkehrslärm unter und erstickt in den Abgasen; blinde Fensterhöhlen, bröckelnde Fassaden, wegen Einsturzgefahr gesperrte Gassen und trostlose Ruinen noch aus dem Zweiten Weltkrieg zeigen den andauernden Verfall des historischen Zentrums. Besonders in den Abendstunden, wenn sich die Straßen leeren, fällt auf, dass immer weniger Menschen in der Altstadt wohnen.
Andererseits besitzt Palermo trotz des kulturellen Raubbaus zahlreiche sehenswerte Kirchen und eindrucksvoll renovierte Paläste. Und immer aufs Neue hat die Stadt pittoreske Straßenszenen zu bieten. Den orientalisch anmutenden Basaren folgen an der nächsten Straßenecke wieder schicke Boutiquen. Palermo ist eine Stadt zum Eintauchen. Man muss sich nur treiben lassen, um sie zu entdecken. Die von den Phöniziern als Handelsniederlassung gegründete Siedlung wurde von den Griechen Panormos genannt und stieg unter arabischer Herrschaft nicht nur zum Zentrum Siziliens auf, sondern zu einer der bedeutendsten Städte des Mittelmeerraumes. Damals soll es mehr Moscheen als heute Kirchen gegeben haben. Exotische Früchte und Gewürze fanden über die Märkte der Balarmu genannten Stadt ihren Weg nach Europa. Unter den Normannen konnte sie ihre Vorrangstellung weiter ausbauen, wurde zu einem einzigartigen Schmelztiegel arabischer, jüdischer, byzantinischer und abendländisch-christlicher Kultur. Der verwinkelte Straßenverlauf weist noch heute auf die arabischen Wurzeln hin. Erst vor rund 400 Jahren, während der spanischen Epoche, wurden zwei Schneisen im rechten Winkel durch das Häusergewirr geschlagen, die sich an den Quattro Canti kreuzen.

>> Weitere Infos S. 112, Stadtrundgang auf S. 130

Symbol der Erneuerung: die Klosterruine Lo Spasimo, heute ein Kulturzentrum

iRB
RUGBY
WORLD CUP
2007
WORLDWIDE PARTNER
VOLUMEN UND DYNAMIK.
DER NEUE PEUGEOT 207 SW.
207 SW
Ab € 12.800,–*
www.peugeot207sw.de Probefahrten und Infoline: 0 18 01/207 207 (€ 0,06/Min.)
Erleben Sie die perfekte Kombination aus sportlicher Dynamik, ästhetischem Design und komfortabler Geräumigkeit. Der PEUGEOT 207 SW steckt nicht nur voller Kraft, sondern auch voller Variabilität und praktischer Ideen. ■ Leistungsstarke Benzin-Direkteinspritzer mit VTi-Technologie (Variable valve lift and Timing injection) sowie HDi-Dieseltriebwerke mit Rußpartikelfilter ■ Komplett versenkbare Rückbank für eine große und ebene Ladefläche ■ Einfacher Zugriff auf den Gepäckraum durch separat aufklappbare Heckscheibe** ■ Panorama-Glasdach**
207 SW
PEUGEOT
PEUGEOT EMPFIEHLT TOTAL
* Unverbindliche Preisempfehlung beim Kauf bis 30.09.2007.
** Serienmäßig ab Niveau Tendance.
Kraftstoffverbrauch in l/100 km: kombiniert 5,0 – 6,5;
CO2-Emission in g/km: kombiniert 131 – 155 gemäß RL 80/1268/EWG.
Rugby World Cup Limited
All rights reserved.

Seit der Verhaftung von Gangster-Boss Provenzano 2006 ist es ruhig geworden um die Cosa nostra. Sie arbeitet leise, aber effektiv und hat die Insel fest im Griff

VON ULF LÜDEKE

MAFIA

DIE NEUEN PATEN SIND

Die Menschen in Sizilien lieben es, Worte mit großer Symbolkraft zu benutzen. Das Wesen des Bösen zum Beispiel wird gern „magmatisch" genannt: bisweilen entfesselt, an unterschiedlichsten Orten hervorquellend, das Umfeld erzittern lassend, sich immer wieder neue Wege bahnend und alles aus dem Weg räumend, was sich quer stellt. Nicht selten ist der Abstand zwischen Himmel und Hölle in diesem schönen, heißen Land schmal. Hier, zwischen den Hängen Feuer spuckender Berge und den Fängen der „Ehrenwerten Gesellschaft".

Doch während der Ätna sich auf das ihm zustehende rüpelhafte Niveau eingerumpelt hat, ist es um die Mafiosi auffallend ruhig geworden. Keine Attentate gegen den Staat mehr, keine eskalierenden Clan-Kriege wie in Neapel. Mit der Cosa nostra, „Unsere Sache", wie sich die Mafia hier nennt, scheinen sich inzwischen vor allem Behörden und Medien zu beschäftigen.

Selbst Corleone, einst meistgefürchteter Mafiaort der Welt, ist eine Touristenattraktion geworden. Täglich spucken Busse Fremde in zu kurzen Hosen und zu grellen Kleidern aus, die fragen: *Where is the house of Don Vito?* Das Haus einer Hollywood-Erfindung. Kaufen bereitwillig als Ersatz einen Likör mit demselben Namen, in dem sie ihre Enttäuschung ertränken. Besuchen das einzige Anti-Mafia-Museum der Welt. Und denken trotz Erklärungen über die Bedeutung des Straßenschildes mit der Aufschrift Via 11. Aprile 2006 noch immer an Marlon Brando.

Der letzte echte Pate der Corleonesen heißt Bernardo Provenzano und wurde an jenem 11. April am Ende jenes einst namenlosen Feldwegs in Sichtweite des Mafianests verhaftet – nach 43 Jahren erfolgreicher Flucht. Zahlreiche Morde werden ihm zur Last gelegt, bereits vor seiner Ergreifung wurde der 74-Jährige neun Mal zu lebenslanger Haft verurteilt.

Provenzano verblüffte die Welt mit seinem Gesicht: Es passt eher zu einem gütigen Großvater als zu einem kaltblütigen Killer. Er verblüffte mit einem mysteriösen Lächeln, als er unter *„bastardo"*-Rufen ins Gefängnis geführt wurde. Und er verblüffte mit seinen ersten Worten, die er, als die Handschellen klickten, wie ein vom Pferd geholter Reiter der Apokalypse an die triumphierenden Mafiajäger richtete: „Ihr wisst nicht, was ihr tut."

Der letzte Pate hat auch der Cosa nostra ein neues Gesicht verschafft. Mit ihm ist die sizilianische Mafia zur alten Tradition zurückgekehrt: stille Infiltration. Statt finsterer Randgestalten bedient sie sich nun gezielt der Ärzte, Anwälte, Polizisten, Unternehmer oder Baudezernenten. Gegen mobilisierte Wählerstimmen geloben korrupte Politiker der Cosa nostra, keinen Staub aufzuwirbeln oder Spuren zu verwischen. Ein Kuss als Zeichen der Ergebenheit von „Ehrenmännern": *Bacio le mani, signor sindaco*, küss die Hand, Herr Bürgermeister. Ein Zeichen genügt. Die Mafia braucht den Staat nicht mehr mit Blei zu bekämpfen, weil sie längst ein Teil von ihm geworden ist. Wie ein gefräßiger Bandwurm. Ein perfekter Parasit.

Das Prinzip von Bedrohung und Erpressung, so die Erkenntnis der Nationalen Anti-Mafia-Behörde DIA, war noch nie so effizient wie heute. Durch Manipulation öffentlicher Bauaufträge mit aufgeblasenen Rechnungen oder minderwertigen Baumaterialien werden Steuerzahler um hohe Millionenbeträge gebracht. Der Aufkauf von Sondermüll erweist sich als lukratives Drecks-Geschäft, den Preis zahlt die Natur. Die riskante Steuerung des Rauschgift- und Waffenhandels verliert indes an Bedeutung. In Palermo kümmert sich deshalb jetzt eine neue Behörde ausschließlich um die Erfassung mafiöser Wirtschaftskriminalität.

Exzentrische Paten wie Matteo Messina Denaro, 45, aus Trapani oder Salvatore Lo Piccolo, 65, aus Palermo, die zu möglichen Nachfolgern des letzten Paten aus Corleone gezählt werden, könnten es bei der Verwaltung dieses milliardenschweren Vermächtnisses schwerer haben als Provenzano, der auch mal in einen Schlafsack stieg und nur über *pizzini* kommunizierte, chiffrierte Nachrichten-Zettelchen. Vielleicht erklärt dies sein merkwürdiges, letztes öffentliches Lächeln. Denn Denaro, heißt es, prahle gern mit Frauen und Luxus, der andere soll im Motorboot durch die Wellen der palermitanischen Küste preschen. Doch die krummen Geschäfte laufen laut DIA derart gut, dass die *pax mafiosa,* wie der „Frieden" der Mafia unter den Clans und gegenüber dem Staat genannt wird, zunächst halten soll.

„Wir können zwar die Mafia enthaupten, aber sie ist ein Organismus, der immer wieder nachwächst", lautet die resignierende Prognose von Giuliano Amato, Italiens Innenmi-

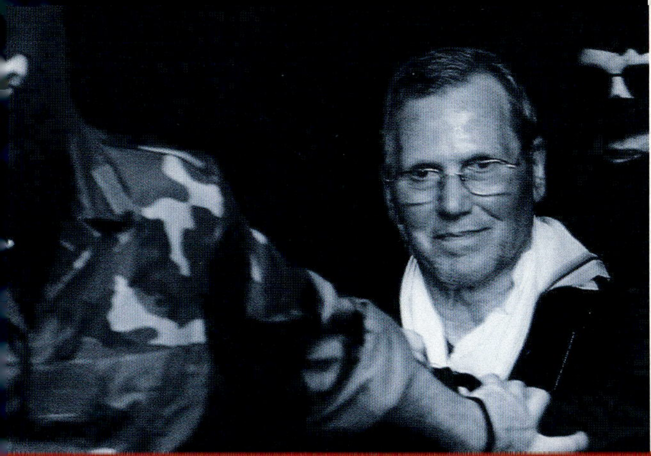

Als Bernardo Provenzano (74) nach 43-jähriger Jagd verhaftet wurde, lächelte er nur beunruhigend und sagte: „Ihr wisst nicht, was ihr tut." Bei der Verkündung des Fahndungserfolgs wirkte der Chef der Anti-Mafia-Behörde, Piero Grasso, schutzbedürftig

MÄCHTIGER DENN JE

nister. Die Cosa nostra sei ein „fester Bestandteil der Wirtschaft" in Sizilien geworden, der über zwei absurde Wettbewerbsvorteile verfüge: unbegrenzte finanzielle Ressourcen und Erpressung durch Gewalt. Um diese Hydra zu besiegen, reicht ein Herkules aber nicht aus. Dafür, so Amato, brauche es eine „breite Rebellion".

Solche soliden Mehrheiten zu finden ist jedoch kompliziert in einem Land, in dem der *pizzo*, das „Schutzgeld" an die Mafia als „Garantie" für physische Unversehrtheit, weitgehend widerstandslos wie eine normale Steuer gezahlt wird. Wenig überrascht auch, dass in einer Region mit chronischen Arbeitsmarktproblemen die Rekrutierung neuer „Ehrenmänner" leicht ist, wenn ihnen „Gehälter" gezahlt werden, die mit 1500 Euro weit über dem Durchschnitt legaler Arbeit liegen und die „Familie" ihren „Freunden" sogar bei Problemen mit der Justiz Beistand leistet.

Wer glaubt, dass da zumindest die Besetzung von Schlüsselstellen im Kampf gegen die Mafia einvernehmlich verläuft, irrt. Ein Beispiel ist die Nachfolge der DIA-Leitung im Jahre 2005. Im Gespräch waren Piero Grasso, damals Oberstaatsanwalt von Palermo sowie Giancarlo Caselli, in der gleichen Funktion in Turin. Als Vorgänger von Grasso in Palermo hatte Caselli den ersten politischen Prozess wegen mafiöser Verstrickung eingeleitet, den es in Italien gab – gegen Giulio Andreotti. Als sich abzeichnete, dass die parlamentarische Anti-Mafia-Kommission Caselli berufen wollte, zimmerten die politischen Freunde Andreottis um den damaligen Regierungschef Berlusconi schnell ein Gesetz, das Caselli aus Altersgründen von der Nominierung ausschloss.

Dass ein alter Fuchs wie Andreotti weiter unbehelligt auf Samtpfoten als Senator auf Lebenszeit übers politische Parkett schleicht, fördert kaum das demokratische Bewusstsein. Denn von dem Vorwurf der mafiösen Verbindung wurde Andreotti zumindest für die Zeit bis 1980, in der er allein fünfmal Ministerpräsident war, in der Sache nie freigesprochen, sondern nur durch eine Verjährungsfrist gerettet.

Da wundert es wenig, dass Salvatore Cuffaro im Frühjahr 2006 als Präsident der Region Sizilien klar wiedergewählt wurde, trotz Ermahnung von DIA-Chef Piero Grasso an die Parteien, keine in Prozesse verwickelten Politiker für Wahlen kandidieren zu lassen. Seit 2005 ermittelt die Staatsanwaltschaft gegen den 49-jährigen Arzt wegen mafiöser Verstrickungen, ein zweites Mafiaverfahren, das Grasso in Palermo vor zwei Jahren zu den Akten legen ließ, wurde gerade wiedereröffnet.

Auch Cuffaro ist ein Mann, der fest an die Wirkung symbolischer Worte glaubt. Vielleicht hat er gedacht, dass er Zweifel an seiner Integrität ähnlich plattwalzen kann wie Lava einen hässlichen Unkrautteppich, als er zum ersten Jahrestag der Festnahme von Bernardo Provenzano in Corleone mit einem Gefährt anrückte, das die Aufschrift „Bus der Legalität" trug. Gemeinsam mit Corleones Bürgermeister Nicolò Nicolosi hat der Angeklagte und Präsident bei dem Festakt dann das neue Straßenschild Via 11. Aprile 2006 enthüllt.

Vor der Ankunft Cuffaros befragt, ob dessen Präsenz nicht Verlegenheiten provozieren könne, antwortete Corleones Bürgermeister: „Zum einen hat die Region diesen Festakt finanziert. Zum anderen ist Cuffaro für den Staat doch nichts weiter als ein Angeklagter, für den die Unschuldsvermutung gilt." □

Ulf Lüdeke *beobachtet die Mafia von Sardinien aus. Er begleitete 2006 die Sondereinheit, die Provenzano verhaftete.*

Nicht nur beim Ausbruch beindruckt der Ätna. Auf Kraterhöhe wirkt er kalt, leblos, gefährlich – und faszinierend

Foto: Gerald Hänel

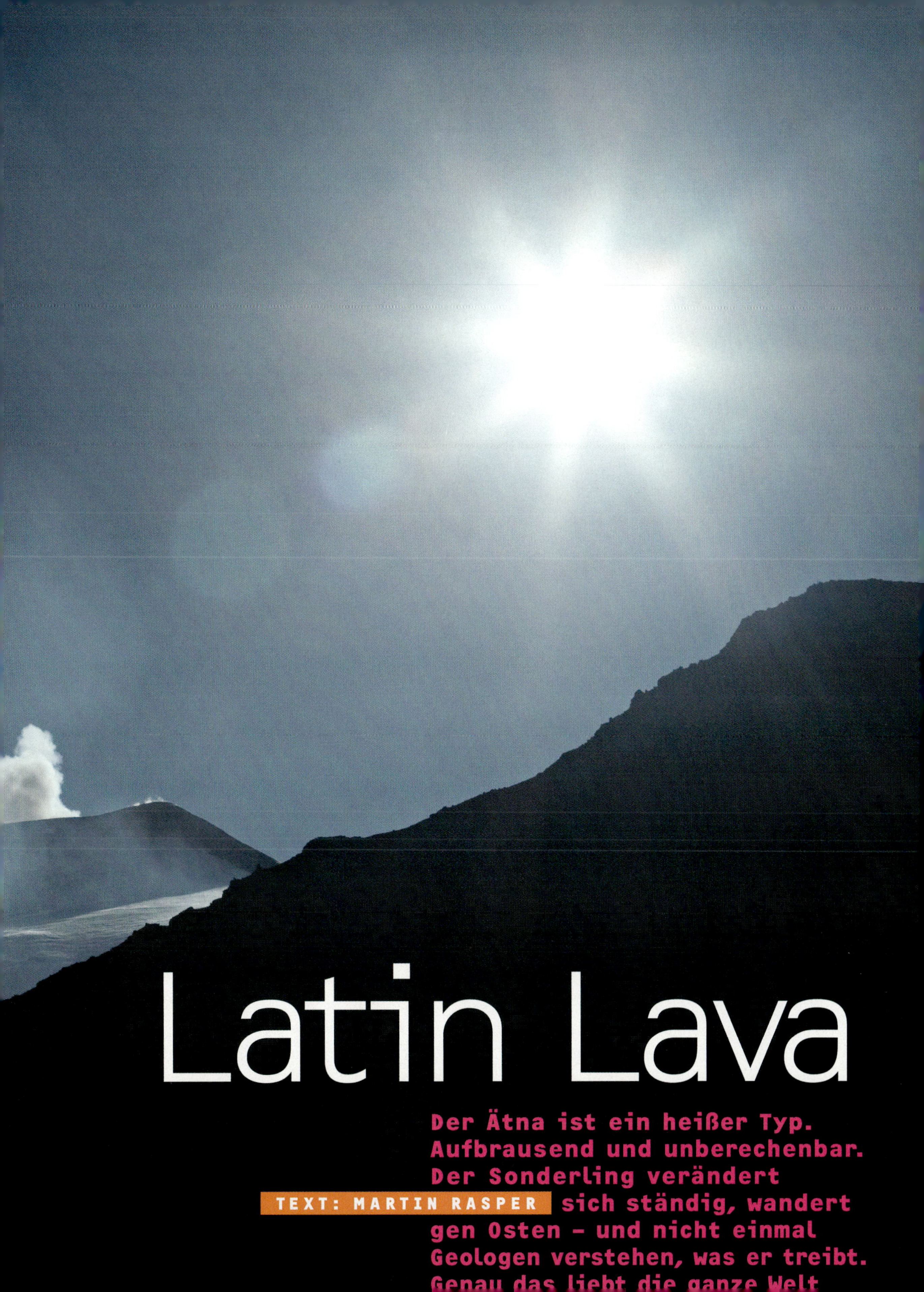

Latin Lava

Der Ätna ist ein heißer Typ. Aufbrausend und unberechenbar. Der Sonderling verändert sich ständig, wandert gen Osten – und nicht einmal Geologen verstehen, was er treibt. Genau das liebt die ganze Welt

TEXT: MARTIN RASPER

Bis kurz vor Catania spuckt der Ätna sein Feuer. 1669, geologisch gesehen vor Minuten, floss die Glut bis in die Stadt

Foto: Tom Pfeiffer

EIN SCHLEICHENDER KILLER

Der Großstadt Catania drohen weniger die plötzlichen Eruptionen. Die stetig und langsam quellenden Lavaströme sind wesentlich gefährlicher

Flüssiges, glühendes Gestein, kilometerhohe Aschewolken, Ströme von unterschiedlichster Konsistenz. Anders als die meisten Vulkane fördert der Ätna Lavaarten aus mehreren Quellen

Feuer im Foyer: die Reste des Hotels „Le Betulle"

Unwirkliche Welten zeigen sich, wenn die feurige Soße eine kleine Bauminsel verschont. Noch weiter oben bildet der Ätna eisig-alpine Landschaften aus

EIN LEBENDER HAUFEN STEIN

Der Ätna vernichtet und gebiert. Und selbst wenn er scheinbar ruht, ist er ständig in Bewegung

Schaurige Schönheit: Unter kundiger Führung kann der Wanderer bis an den Rand des Hauptkraters treten und in Abgründe schauen. Auf der noch jungen Lava blüht derweil schon die Rote Spornblume

Das also war das Hotel „Le Betulle". Ein deformierter Giebel ragt aus dem Boden, eine grotesk verbogene Stahlbetonwand scheint jetzt noch unter der Wucht des Lavastroms zu ächzen. Der Rest ist Ödnis. Das schwarze Gestein knirscht unter den Füßen. Piano Provenzana, die Touristenstation am Nordosthang des Ätna: Früher konnte man hier essen, übernachten, im Winter Skifahren. Bis sich im Oktober 2002 der Berg auftat und aus einer Reihe von elf neu entstandenen Kratern Unmengen von Lava ausstieß. In kühner Kurve schwingt sich der Lavastrom den Hang hinunter, gleichgültig alles niederwalzend, eindrucksvoll noch in seiner Erstarrung.

Doch nichts ist am Ätna endgültig, auch die Zerstörung nicht. Der Parkplatz und die Zufahrtsstraße sind neu asphaltiert, für den Verkauf von Souvenirs und Ätnakitsch sind nagelneue Holzhütten aufgestellt worden – und Ignazio Russo, der Besitzer des 2002 gleichfalls zerstörten Gasthofs „La Provenzana", hat schon damit begonnen, direkt auf der Lava einen neuen zu bauen. Die Touristen kommen schon wieder. Der Berg nimmt, der Berg gibt.

Einen „großen Bauer und Zerstörer" nannte der Schriftsteller Johann Gottfried Seume den Ätna, als er 1802 bei seinem legendären „Spaziergang nach Syrakus" den Vulkan bestieg, und schwärmte: „Es ist vielleicht in ganz Europa keine Gegend mit so vielfältigen Schönheiten, als die Umgebung dieses Berges." Schon von Catania aus beherrscht der flache Kegel den Horizont; an seinen unteren Hängen bildet er eine Kulturlandschaft, in der sich im

Der Ätna war schon früher ein Ziel für Romantiker und labile Seelen. Heute reizt er Vulkanologen und Skifahrer, die Sinnsucher kommen weiterhin

Frühjahr wahre Farb- und Duftorgien abspielen. Die Rote Spornblume, ein Baldriangewächs, garniert mit ihren rosafarbenen Kerzen die älteren Lavafelder; Königskerzen und Rainfarn ragen gelb leuchtend hüfthoch empor; am eindrucksvollsten aber ist der Ginster, der in sattgelben Wellen die Hänge hinabrollt, in dichten Sträuchern die engen Straßen bedrängt, so dass man wie in einem Tunnel fährt, die Luft erfüllt von betörendem Honigduft. An die 300 endemische Pflanzenarten gibt es am Ätna, darunter die Birkenart *betula aetnensis*, die an manchen Stellen ganze Wälder bildet, oder das Veilchen *Viola aetnensis*, das zuweilen aus den schwarzen Aschefeldern strahlend violett herausleuchtet.

Aber keine Frage: Was den Ätna zur Sensation macht, ist seine vulkanische Aktivität. Die Eruptionen. Die Lava. Seine Ausbrüche machen süchtig. Wer einen gesehen hat, will noch einen erleben. Die schiere Wucht der Naturgewalten: Wenn der Berg wummert und bollert, wenn es ohrenbetäubend kracht und die Aschewolke kilometerhoch zum Himmel steigt, wenn Lavabomben pfeifend durch die Luft fliegen oder ein dichter Regen aus Steinchen niederprasselt, wenn die Lavaströme an ihrer Oberfläche riesige glühende Brocken herumwirbeln oder eine Lavafontäne Dutzende Meter in die Luft steigt – dann halten selbst hartgesottene Zeitgenossen den Atem an.

Die Touristenstationen zeigen ständig solche Aufnahmen, auf DVD und Video kann man sie kaufen, wenn man schon nicht das Original sehen konnte. „Vulkanporno“ nennen Wissenschaftler die Bilderorgien, und die Metapher ist so falsch nicht: Schließlich geht es stets nur um das eine, in ständig neuen Variationen, und irgendwie muss man doch immer wieder hinsehen.

Und so zieht der Berg neben Wissenschaftlern und Fotografen, Vulkanfreaks und Sensationstouristen auch Verrückte aller Couleur an – Esoteriker, Zivilisationsmüde, Sinnsucher, denen die Urgewalten die Sinne vernebeln. Jeder am Ätna kennt die Geschichten: von dem dicken Franzosen, der sich mit einem alten Stahlhelm in den Lavahagel stürzte; von der spanischen Touristin, die mitten in der Bocca Nuova, einem der vier Gipfelkrater, ihr Zelt aufschlug und spurlos verschwand; oder von dem Italiener, der tagelang am Gipfel ausharrte und hinterher berichtete, der Ätna sei eine Erdmutter, in deren Schoß er sich geborgen fühle. Ihrer aller Vater im Geiste ist der antike Arzt und Dichter Empedokles, der sich einst in den Gipfelkrater des Ätna stürzte, um mit der Natur eins zu werden, so jedenfalls wollen es die Legende und Hölderlin.

Einer von denen, die den Ätna trotz aller Faszination ganz nüchtern zu verstehen versuchen, ist Boris Behncke, deutscher Vulkanologe am Nationalen Institut für Geophysik und Vulkanologie in Catania. Vor dem Institut führt die Via Etnea, eine der Prachtstraßen Catanias, direkt auf den Berg zu, der mächtig am Horizont thront; drinnen sitzt Behncke am Computer und erklärt den Ätna. Der 45-Jährige ist seit seiner Kindheit von Vulkanen fasziniert, studierte beim deutschen Vulkanologie-Papst Hans-Ulrich Schmincke, machte seine Diplom- wie Doktorarbeit in den Ibleischen Bergen, einem Vulkangebiet südlich von Catania. Aber sein wahres Interesse galt all die Zeit dem gewaltigen Kegel weiter nördlich. „Der Ätna ist nicht nur einer der aktivsten Vulkane der Welt“, meint Behncke, „sondern auch einer der vielseitigsten. Er zeigt die verschiedensten Formen von Ausbrüchen, und er überrascht uns immer wieder.“

Der Ätna passt nicht ins Schema. Die meisten Vulkane (abgesehen von den häufig untermeerischen Vulkanen

Lava zerstört, erschafft aber auch abstrakte Schönheiten: Die weißen Gerippe junger, erstickter Buchen

Wenn Lavaströme, wie hier 1992, Kulturland bedrohen, tun die Sizilianer alles, um sie zu lenken. Oft vergebens

an den Riftzonen) gehören zu einem von zwei Typen. Entweder stehen sie über einer Subduktionszone, an der eine Erdplatte unter eine andere abtaucht und dabei aufgeschmolzen wird. Das sind die zerstörerischen Vulkane wie der Mount St. Helens in den USA oder der Pinatubo auf den Philippinen, deren gasreiches Magma mit ungeheurer Gewalt ausbricht und die gefürchteten Glutwolken ausstößt, die mit Höchstgeschwindigkeit den Hang hinabrasen und alles Leben auslöschen. Anders dagegen die Intraplattenvulkane, die nicht an den Plattenrändern sitzen, sondern eben mitten auf den Platten, meist über einem sogenannten Hot Spot, an dem aus den Tiefen des Erdmantels Magma aufsteigt. Hier ist Hawaii das Paradebeispiel, wo die Lava dünnflüssig ausfließt, ohne großen Schaden anzurichten.

Der Ätna gehört keinem dieser Typen an. Am ehesten sehen die Geologen ihn noch als Intraplattenvulkan, weil auch seine Lava überwiegend basaltisch, gasarm und dünnflüssig ist – andererseits ist die Plattentektonik des Mittelmeers derart kompliziert, ein Mosaik aus Ozeanresten, Kontinentalrändern und Mikroplatten, dass eigentlich niemand sich so recht zu sagen traut, was da genau wohin driftet oder abtaucht, wo eine Platte aufhört und die andere anfängt.

Zu den Überraschungen, die der Ätna bereithält, gehören auch die exzentrischen Ausbrüche, bei denen Lava zu Tage tritt, die nicht aus dem Hauptschlot stammt. So 2001, als der Vulkan an zwei Stellen zugleich ausbrach und jeweils unterschiedliche Lava förderte. Eine davon stammte aus einem deutlich „primitiveren" Magma, wie die Vulkanologen sagen: Sie enthielt mehr Gase und war explosiver als die andere und muss also einen anderen Aufstiegsweg gehabt haben als die Hauptmasse des Magmas – ein weiterer Hinweis darauf, wie kompliziert die Verhältnisse sind.

Deutlich zeichnet sich dagegen mittlerweile ab, dass der Berg dabei ist, sich nach Osten auszudehnen. Eine Riftzone durchquert ihn zunächst südnördlich und biegt im Gipfelbereich nach Nordosten ab; alle großen Ausbrüche der letzten Jahre lagen auf dieser Linie. Beim Ausbruch 2002/03, der von Oktober bis Januar dauerte, riss der Berg entlang der Riftzone förmlich auf: Lava sprudelte aus bis zu 16 neu entstandenen Kratern, während sich zugleich ein Teil des Osthangs schlagartig um zwei Meter nach Osten verlagerte.

Der Berg ruft eben nicht nur, er kommt auch. Tod und Leben, Zerstörung und Aufbau liegen am Ätna eng beieinander. Ständig verändert der Berg sein Gesicht. Wo letztes Jahr ein See war, kann nun ein steiler Kegel sein; wo man beim letzten Besuch durch dichten Wald lief, starrt man nun viel-

Den Ätna zu überfliegen, gelingt selten. Denn einer der vier Hauptkrater raucht immer

EIN DUNKLER GESELLE

Der Vulkan ist übersät von Narben. Mehr als 300 Krater hat er schon, alle paar Jahre kommen neue hinzu

leicht über eine schwarze Lava-Ödnis. Wir stapfen durch die „02/03-Lava", wie die Kenner lässig sagen, in Richtung Gipfel, in Begleitung von Guide Andrea Ercolani, einem sehnigen, wettergegerbten Schweizer mit italienischen Wurzeln, der vom Ätna so fasziniert ist, dass es ihn hierher verschlagen hat.

Ein Gang über die Verwüstungslandschaften am Ätna ist eine Meditation über Werden und Vergehen. Halbmetergroße Lavabomben, die beim Flug durch die Luft spindelförmig erstarrt sind, liegen im Gras. Dichte Gruppen junger Buchen stehen als bleiche Skelette in der schwarzen Lava, ein Bild von überraschender Ästhetik.

Wir staunen darüber, wie zäh das Leben sein kann: An vielen Stellen grünt es schon wieder; der *astragalus*, ein Schmetterlingsblütler, hat seine stachligen Blätter durch den Lavasand geschoben, auch das Greiskraut mit seinen dicken, filzig graugrünen Blättern bildet kräftige Büschel. Am Rand des Lavastroms gibt es Bäume, die mit unglaublicher Kraft der Hitze standgehalten haben, Stamm und Rinde stark angekohlt, aber dennoch neu austreibend. Drei Buchenbüsche haben wie auf einer Verkehrsinsel den Lavastrom überlebt, der rechts und links von ihnen vorbeigebrandet ist. Manchmal liegen nur ein paar Zentimeter zwischen Leben und Tod; sogar in ein und demselben Gebüsch gibt es Zweige, die die Hitze überstanden haben, und direkt daneben andere, die abgestorben sind. Und dann, mitten in der Lava, rot auf schwarz, wie ein seltener Kristall: ein Marienkäfer. Wo kommt der her, was will der hier? „Der ist nicht ganz freiwilig hier", sagt Ercolani, „die werden mit dem Wind hergeweht." Überlebensaussichten: schlecht.

Schließlich stehen wir an einem der Krater des Ausbruchs von 2002. Steil geht es nach unten, in unergründlich wirkende Tiefen. Das Gestein ist rot von Eisen, gelb von Schwefel, schwarz von Kohlenstoff, zuweilen mit zarten metallisch-blauen Überzügen von Mangan und anderen Metallen. Mehr als 300 solcher Nebenkrater haben die Wissenschaftler am Ätna gezählt, also Stellen, an denen in historischer Zeit Ausbrüche stattgefunden haben. Viele von ihnen stehen als bewaldete Kegel in der Landschaft und spicken die Flanken des Berges. „Die Monti Rossi bei Nikolosi glichen fast Maulwurfshügeln", notierte Seume über den Anblick der vielen Krater.

Obwohl der Ätna kein spontaner Killer ist wie der Vesuv, ist sein Zerstörungspotenzial doch beträchtlich. Etwa 900000 Menschen leben im Einflussbereich des Vulkans, in jenem Gebiet, das in historischer Zeit mindestens einmal von Lavaströmen erreicht wurde. 1669 etwa gelangte die Lava bis nach Catania und überrollte zwei Viertel am Nord- und am Südrand der Stadt; 2001 stoppte sie wenige Kilometer vor Nicolosi und zerstörte ein Jahr später an ganz anderer Stelle, im Nordosten, die Station Piano Provenzana; 1992 hielt sie genau vor dem ersten Haus von Zafferana. Dabei sind nicht unbedingt die größten, dramatischsten Ausbrüche am gefährlichsten, sondern die, die am längsten anhalten und dem langsam vorrückenden Lavastrom immer neue Nahrung geben.

Deshalb wird der Ätna überwacht wie ein Schwerverbrecher: belauscht und vermessen, abgetastet und gefilmt. Ein Netz von 50 seismischen Stationen, darunter ein Dutzend Breitband-Seismometer, registriert jede Erschütterung; vier automatische Kameras, deren Aufnahmen lückenlos gespeichert werden, haben ihn permanent im Visier; eine Thermokamera registriert die Wärmestrahlung und entdeckt heiße Gase, wo die optischen Kameras nur Luft sehen; Radon-Messstationen erkennen Änderungen in der Gaszusammensetzung. Alles läuft zusammen im Kontrollzentrum des Vulkanologie-Instituts in Catania, einem mit Monitoren vollgestopften Raum, der rund um die Uhr mit zwei Leuten besetzt ist – wobei einer von beiden Seismologe sein muss, weil die Gefahr zu groß ist, dass ein Signal fehlinterpretiert und falscher Alarm ausgelöst würde. Vertrauen ist nichts, Kontrolle ist alles. Das letzte Wort hat eh immer der Berg.

Als im Sommer 2004 die durch mehrere Ausbrüche beschädigte Touristenstation Ätna Süd wiedereröffnet wurde, meldete sich der Berg pünktlich um sieben Uhr morgens mit einem kleinen Erdbeben zu Wort. Zwar nur mit der Magnitude 3,7 – aber immerhin. Der alte Ätna hat Humor. □

Martin Rasper, *diplomierter Geologe und freier Journalist aus München, erfüllte sich mit der Ätna-Begehung einen Lebenstraum.*

» DALÍ ZUM DESSERT?
Folgen Sie den besten Autoren mit der neuen MERIAN Reiseführer Reihe zu exklusiven Reiseerlebnissen – zum Beispiel zu einer Chocolaterie auf Mallorca, die süße Skulpturen berühmter Persönlichkeiten kreiert. Mehr Informationen überall, wo es Bücher gibt und unter WWW.MERIAN.DE
Es gibt wieder etwas zu entdecken »
MERIAN Reiseführer
Mallorca
38 Seiten: Der gute Tipp von MERIAN
Wien
Südtirol
Südafrika
Rom
London
Dubai
Dresden
Cornwall
Berlin
Barcelona
Ägypten
Mallorca
MERIAN
Reiseführer
Die Lust am Reisen

DER ZWEITE BLICK auf Antonello da Messina

Gnadenlos gut

Siziliens bedeutendster Maler hat die Porträtkunst revolutioniert. Sein krasser Realismus zeigt sich im Detail, ist grausam ehrlich und ehrlich schön

Text: Karola Kostede

„Porträt eines Mannes“, 1476. Ein Gesicht, das keine Sympathien weckt und dennoch den Betrachter in seinen Bann zieht. *Turin, Museo Civico d'Arte Antica; Öl auf Pappelholz, 37,4 mal 29,5 cm*

Durchtriebener Verräter? Skrupelloser Wucherer? Das „Porträt eines Mannes“ von Antonello da Messina lässt wenig Spielraum für Sympathien. Kein Wunder – bei diesem Gesicht. Der Blick des Mannes ist herablassend. Einige widerspenstige Härchen stechen aus seinen Augenbrauen hervor. Der Mund deutet ein kühles und unsympathisches Lächeln an. Immer wieder fällt der Blick auf die obere Gesichtshälfte und die halbgeschlossenen Lider. Diese Augen haben den Betrachter fest im Visier. „Ein Mann voller Arglist und dem Willen, Böses zu tun“, heißt es in der Literatur. Heute würde niemand mehr auf diese Weise porträtiert. Der Renaissancemaler Antonello da Messina wagte es bereits 1476.

Als Sohn eines Steinmetzes wurde Antonello d'Antonio um 1430 in Messina geboren – als Antonello da Messina ging er in die Kunstgeschichte ein. Er malte große Sakralbilder und gilt als Wegbereiter der Ölmalerei in Italien. Er schuf Porträts von einem physiognomischen Realismus mit solch großem Ausdruck wie kein anderer seiner Zeit. Dieser Sizilianer brauchte keine Attribute, um die „Maria der Verkündigung“ darzustellen, kein Täubchen, das den Heiligen Geist symbolisiert. Ihm reichte allein das Gesicht, um Freude, Verwunderung und Furcht der Madonna auszudrücken – und das schon Jahrzehnte vor Leonardo da Vincis berühmter „Mona Lisa“ (um 1503-1506).

Doch worin liegt das Geheimnis des Blickes von Antonello? In seinem Ausdruck? In seiner besonderen Art die Welt zu sehen? Mehr als 500 Jahre nach ihrer Entstehung beeindrucken die Porträts ihre Betrachter. Wer einmal in den Bann dieser Gemälde gerät, kann sich davon nicht mehr befreien. Einmal gesehen, nie mehr vergessen. Mal sind die Züge der Abgebildeten prüfend, mal belustigt oder herablassend. Doch neben der genauen Wiedergabe der Gesichtszüge sind auch die Kompositionen aus Licht und Linien bemerkenswert. So wirft das auf die Schultern herabfallende Band des heute kaum noch sichtbarenen Barretts einen langen schmalen Schatten auf den roten Umhang des Fieslings. Ein kleines Detail, das fast im dunklen Hintergrund untergeht. Zum vorderen, unteren Bildrand wird diese Linie von einer gemalten Brüstung begrenzt. Diese scheinbar flüchtig gesetzten Senk- und Waagerechten lenken den Blick des Betrachters immer wieder auf die Stirn und die Augenbrauen. Auch Kleinigkeiten wie die

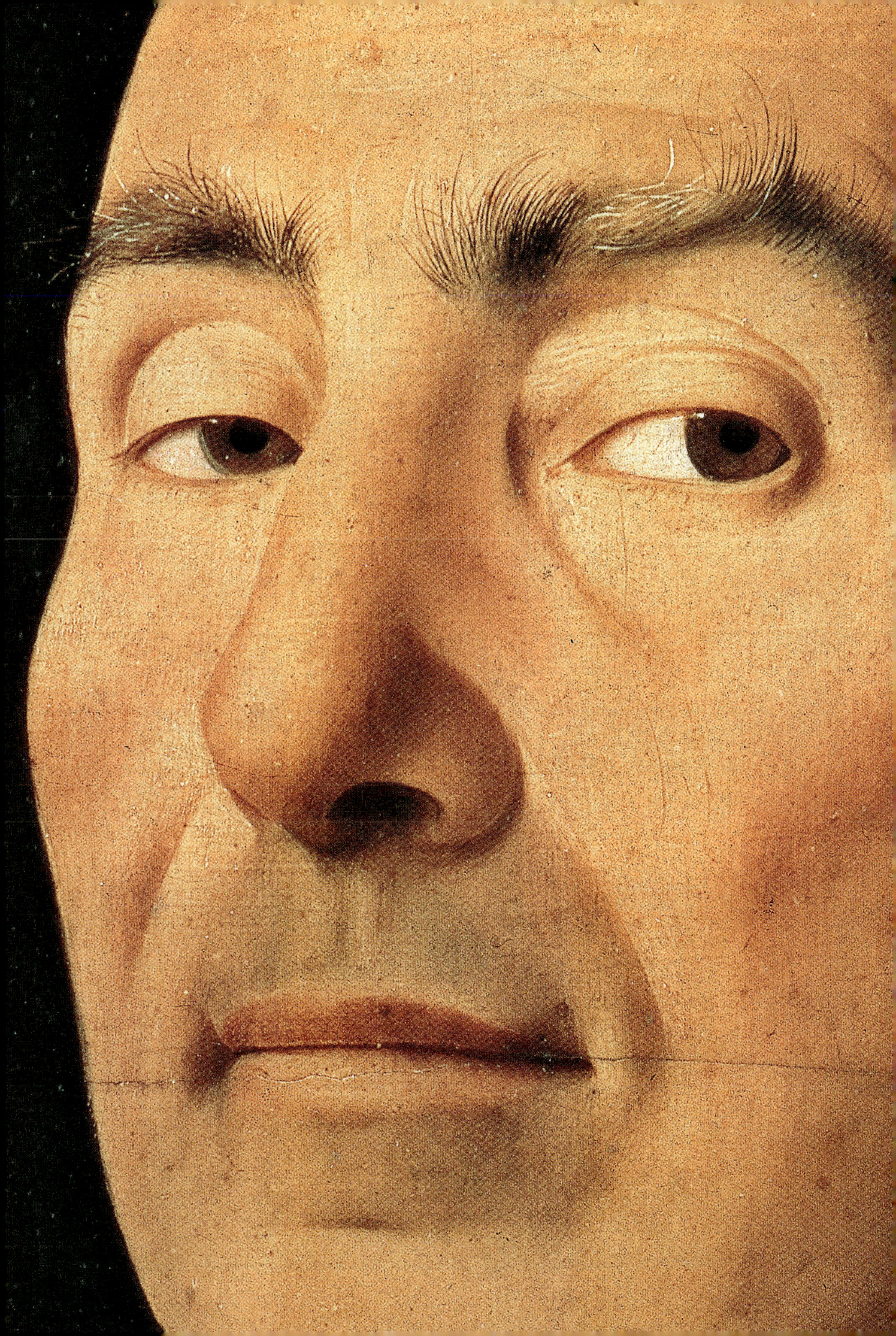

„Maria der Verkündigung", undatiert. Die Madonna ohne Heiligenschein wird von Kunsthistorikern seit Jahrhunderten als Glanzstück feinsinniger Porträtkunst verehrt. *Palermo, Galleria Regionale della Sicilia di Palazzo Abatellis; Tempera und Öl auf Holz, 45 mal 34,5 cm*

süffisant genaue Wiedergabe der borstigen Augenbrauen bei dem „Bösen" entgehen ihm nicht. Es gibt kein Manko, das der Künstler übersieht, und er allein entscheidet, wie es dargestellt wird: Ein Schönheitsfehler kann ebenso zum liebenswerten Merkmal eines sympathischen Zeitgenossen werden wie zum Charakteristikum einer Verbrechervisage.

Diese Exaktheit ist jedoch keine Erfindung Antonellos. Das Abbilden des Wirklichen war ein Hauptanliegen der italienischen Porträtkunst des 15. Jahrhunderts. Vorbilder waren die Künstler nördlich der Alpen, vor allem in Flandern. Rogier van der Weyden (um 1400-1464), Jan van Eyck (um 1390-1441) und sein Schüler Barthélemy d'Eyck (tätig um 1435-1470) waren in Italien am Hofe en vogue. Besonders Jan van Eyck wurde für seine naturalistischen Darstellungen und seine Ölmalerei in Rom, Florenz und auch Venedig verehrt und nachgeahmt.

Sein Einfluss ist auch Antonellos Werken deutlich anzusehen. Dass der jedoch tatsächlich eine Reise nach Flandern unternahm, bleibt umstritten. Die Vermutung, dass er bei van Eyck studierte, lässt sich schon allein durch die Lebensdaten beider Künstler widerlegen. Doch welche Meister Antonello nun nachhaltig prägten, und ob nicht auch die Kunst der Provence ihn beeinflusste, wird unter Kunsthistorikern noch debattiert.

In Neapel hatte Antonello wahrscheinlich bereits 1450, im Alter von 20 Jahren, die Möglichkeit, die Werke van Eycks und seiner Schüler zu studieren. Antonello war damals bei dem Maler Niccolò Colantonio in der Lehre, der diese beliebten flämischen Künstler ebenfalls nachahmte. Vor allem die Ölmalerei versuchte Antonello zu entschlüsseln. Eine wirkliche Ausbildung in dieser Technik hat er aber nie erhalten, deshalb kombinierte der Sizilianer anfangs auch noch Tempera und Öl. Sein Bemühen, den Stil der Flamen zu kopieren, perfektionierte er im Laufe der Zeit aber derart, dass das berühmte Gemälde „Heiliger Hieronymus im Gehäus" lange Zeit fälschlicherweise van Eyck zugeschrieben wurde.

Dennoch war der Messinese nicht bloß ein Nachahmer. Er entwickelte ganz eigene Bildideen, die auch schon in Ansätzen in dem frühen „Porträt eines Mannes" (rechts), das im Museo Mandralisca in Cefalù hängt, zu erkennen sind. Antonello reduzierte schon hier den Hintergrund auf eine dunkle Fläche. Er benutzte den Rand der Kapuze als harte Abgrenzung zum Gesicht, das hier bereits holzschnittartig und hell hervortritt. Die schwarze Jacke und der weiße Kragen zeigen sein Spiel mit den Kontrasten.

Auch Antonellos Ironie wird sehr deutlich. Der spöttische Blick und das harte Lächeln waren offenbar nicht jedermanns Geschmack, da Mund und Augen Spuren einer Zerstörungsattacke aufweisen. Mit einem Messer

„Porträt eines Mannes“, (Porträt eines unbekannten Seemannes), undatiert. Sein Lächeln wirkt bedrohlich, sein Blick spöttisch. Augen- und Mundpartie wurden mit einem Messer so grausam traktiert, dass die Spuren nach drei Restaurierungen noch sichtbar sind. *Cefalù, Museo della Fondazione Culturale Mandralisca; Öl auf Walnussholz, 30,5 mal 26,3 cm*

„Porträt eines Mannes" (Condottiere), 1475. Das Gemälde gilt als Höhepunkt des Werks Antonellos. Eine solch geradezu fotorealistische Wiedergabe hat er nie wieder erreicht.
Paris, Louvre, Öl auf Pappelholz (?), 36,4 mal 30 cm

wurden diese Partien so scharf eingeritzt, dass die Schäden auch noch nach drei Restaurierungen zu sehen sind. War der Porträtierte etwa mit Antonellos Sichtweise nicht einverstanden? Das lässt sich heute ebensowenig klären wie die Frage, zu welchem Berufsstand die Porträtierten gehörten. Lange Zeit trug das Werk aus Cefalù den Untertitel „Porträt eines unbekannten Seemannes", sogar als „Pirat" wurde der Mann bezeichnet. Doch ein einfacher Seemann hätte sich so ein Porträt gar nicht leisten können. Wahrscheinlich handelt es sich bei dem „Piraten" eher um einen Adligen. Vielleicht gehörte dieser zur Gemeinschaft der venezianischen Kaufleute in Messina, in der es zum guten Ton gehörte, ein standesgemäßes Gemälde der eigenen Person in Auftrag zu geben. Wahrscheinlich empfahlen die Porträtierten Antonello in ihrer Heimatstadt an andere Bürger und Patrizier, denn von 1475 bis 1476 lebte Antonello in Venedig, wo er eine gut gehende Werkstatt unterhielt. Nur drei Jahre vor seinem Tod in Messina befand er sich hier auf dem Höhepunkt seines künstlerischen Schaffens.

Antonello erhielt in der Lagunenstadt zahlreiche Aufträge für Porträts und Heiligenbildnisse. Darunter auch für das Altarbild „Thronende Madonna mit Kind und die Heiligen Nikolaus, Lucia, Ursula und Dominikus" (entstanden 1475/76), das zu einem der berühmtesten Meisterwerke der Renaissancemalerei zählt .

Seine Meisterschaft in der Porträtkunst hingegen bewies Antonello mit seinem „Porträt eines Mannes" (Condottiere). Jedes Detail, das Grübchen am Kinn, die Falte am Hals, selbst das Pelzfutter des schwarzen Umhanges sind ganz besonders fein herausgearbeitet. Mit einem tröpfchenförmigen Pinselstrich setzte er akribisch jedes Barthaar. Die Lippen wirken hier so realistisch wie nie zuvor, das Licht scheint die Gesichtszüge fast galant zu umschmeicheln. Natürlich signierte der Meister auch. Meist fügte er am unteren Bildrand eine Brüstung ein, auf die er ein zerknittertes Zettelchen mit Datum und Name malte, so als wolle er klarstellen: Achtung, Kunst! Diese Zettelchen wurden zu seinem Markenzeichen. Genau wie die Darstellung der Person nur bis zur Brust, und ohne Hände.

Antonello da Messina war ein Meister der Exaktheit und Reduktion. Ein Maler voller Witz und Ironie – und genau deshalb wirken seine Porträts auch heute noch so modern. Seinem Blick und seinen Bildern kann sich niemand entziehen. □

Karola Kostede, *Hamburger Kunsthistorikerin, ließen die Gesichter Antonellos nicht mehr los. Überall in Sizilien traf sie Menschen, die sie an dessen Porträts erinnerten.*

Unheimlich

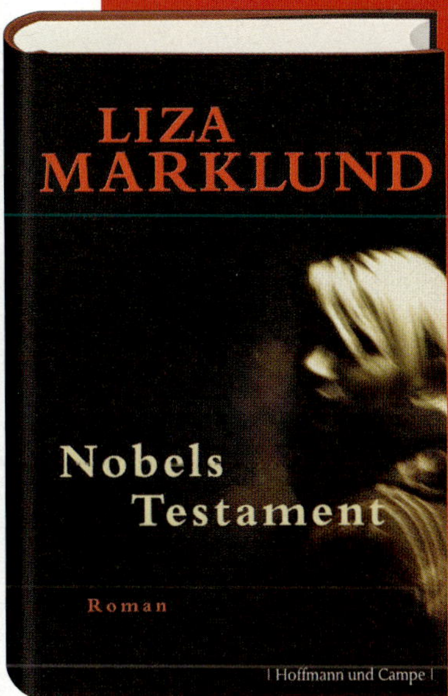

512 Seiten, gebunden

Marklunds Meisterstück: rasant und spannend.

Anrührend

240 Seiten, gebunden

Die neue französische Leselust!

Wunderbar

240 Seiten, gebunden

Der Wahnsinn hat eine Adresse.

| Hoffmann und Campe | *Das will ich lesen*

Mittag auf dem Weingut Antica Tenuta del Nanfro. Valentina serviert eingelegte Bohnen, „ganz einfach“, wie alles in Siziliens Küche

Die gegrillten Auberginen geben den Auftakt, mit frischen Kräutern, Zitronensaft und Öl dressiert. Das Nachspiel bereitet der Zuckerbäcker Corrado Assenza aus Noto mit seinen fruchtigen Schöpfungen

Der ganze Tag ein einziges Menü

Die Küche Siziliens ist pure Lust, man verfällt ihr mit dem ersten Biss. So geht es Köchen, Winzern und Konditoren und besonders dem Reisenden, der zu genießen weiß

Text: Fritz-Jochen Kopka, Fotos: Gerald Hänel

Familie Ruta fertigt Schokolade nach Rezept der Azteken, gern auch mit Fleisch und Majoran

Schon der Anblick verlockt: Eis mit Schokolade, frische Johannisbrotfrucht, eine deftige Brotzeit mit Salsiccia, der feinen Fenchelsalami. Und Salvo Foti, Weinbauer und -berater, sorgt für reiche Lese

Lust am Genuss, von mild bis zartbitter

Wir sind nicht auf Sizilien, um zu jammern. Ein *cornetto,* ein Cappuccino genügen zum Frühstück. Der Sizilianer beginnt den Tag mit einem demütigen Magen. Im Sommer verspeist er vielleicht noch eine *granita,* gestoßenes Eis mit Zitronen-, Orangensaft oder Kaffee, um sich mit der Hitze zu arrangieren. Die großartigen Mahlzeiten werden später kommen, vier Gänge, am besten abends, wenn Mensch und Zeit sich verbrüdert haben.

Noch ist Mittagszeit. Corrado Falco, der in Hamburg mit seinen Koch- und Kommunikationskünsten das Restaurant „Gallo nero" führt, zeigt uns in seiner Heimatstadt Pozzallo im äußersten Südosten der Insel die Trattoria „Porto Isola Armenia". Die breite Fensterfront gibt den Blick auf den Hafen frei, Giovanni Armenia hat früh auf dem Markt eingekauft: prächtige Zackenbarsche, Rotbarben, Zahnbrassen. Feste Leiber, vor Frische strotzend. Im Gastraum läuft der Fernseher. Ein Weinregal, ein Barometer, Blumenbildchen in Plastikrahmen. Neben der Kasse das Porträt der Großmutter. Ein Familienrestaurant, wie man es beinahe überall auf der Welt finden kann. Hier nehme ich meine erste sizilianische Mahlzeit ein, ich werde sie nicht vergessen. Die herzhafte Säure der mit Basilikum garnierten mageren Sardinen, den milden, in Salzwasser gegarten Oktopus und im Pastagang *spaghettini a nero di seppia*, Tintenfischnudeln wie schwarzes Natterngezücht, mit Peperoni, Petersilie und gerösteten Semmelbröseln zubereitet, die Servietten färben sich kohlrabenschwarz. Calicanto, ein Weißwein der Zibibbo-Traube mit leichtem Dessertgeschmack, passt optimal. Corrado Falco entdeckt am Nachbartisch einen alten Bekannten. Cassato verdient seine Brötchen mit nautischen Dienstleistungen, er deutet auf sein Büro am Hafen unten, gut, sagt er, dass du nach Deutschland gegangen bist, hier ist alles sehr schwer. Corrado lächelt unschlüssig. Wie soll er seinem Freund erklären, dass es in Deutschland auch nicht leicht ist.

Aber leicht– bei aller Üppigkeit – ist die *cucina siciliana*. Es passiert dem Fremden sogar, dass er über dem ausgedehnten Vorprogramm das Hauptgericht vergisst oder gar fürchtet. So war es in Modica, der von Bergen eingerahmten Barock- und Schokoladenstadt in der Provinz Ragusa. Die „Osteria dei sapori perduti" mit ihren grünen Fensterläden und dem romantisch beleuchteten Madonnenbildchen erschien auf dem Corso Umberto I wie ein verwunschener Ort. „Wirtshaus der verlorenen Geschmäcker", den Namen hat sich Stefania ausgedacht, die *ostessa*, und Carmelo Muriana, der Wirt, stellt sich mit freundlichem Enthusiasmus der Herausforderung, die traditionsreiche sizilianische Küche zu bewahren. Neben der Eingangstür sitzt an einem kleinen Tischchen ein alter Mann mit einem

Weinbauer Concetto Lo Certo hebt das Glas auf seinen Besuch: Corrado Falco aus Hamburg (2. v. r.)

Mittags im „Cuba libre“: Sardinen mit Basilikum, dann Spaghettini Frutti di mare, schließlich Schwertfisch. Im „Majore“ (oben) in Chiaramonte hingegen wird – ganz untypisch für Sizilien – gefülltes Schweinekotelett serviert

Fast immer Fisch und selten Fleisch

wie aus Holz geschnitzten Schädel. Eine Familie hat er nicht mehr, sein wirkliches Zuhause ist hier, seine hellen Augen scheinen alles zu sehen und an allem Anteil zu nehmen.

Das Highlight unter den Vorspeisen sind die *arancini*, das heißt kleine Orangen, aber es sind frittierte Reiskugeln, mal einfach, mal äußerst phantasievoll gefüllt. Hier enthalten die knusprigen Bällchen eine Mischung aus Fleischragout, Schinken, Pecorino und grünen Erbsen. Die Füllung versetzt die Geschmacksnerven in helle Aufregung, die sich mit dem schneeweißen Ricottakäse wieder legt. Die Bruschette mit roten und grünen Tomaten sind kleine abstrakte Gemälde. Kichererbsensuppe, mit Minze und Peperoni eingelegte Auberginenscheiben, Majoranravioli und Lasagne bieten immer neue Genüsse und mindern Stück für Stück die Vorfreude auf das Hauptgericht: mit Sellerie, Karotten und schwarzen Oliven gedünstetes Kaninchenfleisch. Es wird in voller Absicht lauwarm serviert, der typische Kaninchengeschmack prägt sich dabei noch deutlicher aus, aber die Erinnerung an die *arancini* bleibt auf der Zunge. Genuss ist limitiert. Wenn du der Fülle der Vorspeisen nicht widerstehen kannst, bist du zum Hauptgericht nur noch eine lahme Ente.

Der letzte Eindruck ist das Bild des alten Herrn neben der Tür. Die Lider liegen bleiern über den Augen. Noch in seiner etwas windschiefen Haltung scheint er die Gewissheit zu verkörpern, dass die Genüsse der Vergangenheit nicht wirklich verloren sind. „Ganz einfach", sagt Luca, der Koch im „Cuba Libre" am Strand bei Pozzallo. Das hört man oft in Sizilien. Es ist so einfach, einen frischen Fisch zuzubereiten, es ist so einfach, seine Gäste glücklich zu machen, es kann so einfach sein, sein Geld zu verdienen und sein Leben zu meistern.

Im Umland von Chiaramonte Gulfi führt uns Salvo Foti, der Önologe, auf einen Weinberg. Foti, ein introvertierter Typ mit grauem Haar, reduziert die Pflanze auf die kräftigsten zwei bis drei Reben, verzichtet auf Chemie und ist mit Vorliebe unmodern. So scheut er sich nicht, Esel als Tragtiere einzusetzen; mag sein, dass er damit einfach ein Zeichen setzen will.

Concetto Lo Certo hingegen ist eher der beschwingte Typ des Weinbauern. Seinem Gut in der Nähe von Caltagirone ist er mit aufgewühlten Sinnen und wirren Haaren verfallen. Nach und nach hat Lo Certo die alten Pflanzen entfernt und jene Trauben angebaut, die in dieser Gegend am besten gedeihen: Frappato, Nero d'Avola und Insolia. Damit hat er einen Trend radikalisiert, den viele sizilianische Winzer verfolgten. Da die Weinkultur Siziliens stur mit Marsala gleichgesetzt wurde, haben sie zunächst international renommierte Sorten wie Chardonnay und Cabernet Sauvignon angebaut, um überhaupt wahrgenommen zu werden. Mit dem Erfolg kam das Selbstbewusstsein. Concetto Lo Certo setzt auf frische Weine, die man jung trinkt. Es geht nicht um Geschmacksnuancen wie Kirsche oder Brombeere. Ein Wein muss nach Weintraube schmecken. Ende.

Die *cucina siciliana* ist geprägt durch den Zustrom umtriebiger Völker, die die Mittelmeerinsel besuchten, auch Zeiten der Armut sind spürbar. Der Sizilianer lebte lange von Gemüse, Fisch und Brot. Fleisch war selten, gewöhnliche Leute mussten sich mit Innereien zufriedengeben, die sie durch starke Marinaden aufwerteten. Dennoch behauptet sich in Chiaramonte seit mehr als 100 Jahren das Ristorante „Majore", das sich auf Schweinefleisch festgelegt hat und ein einziges Hauptgericht anbietet: gefülltes Kotelett. In der offenen Küche neben dem Eingang wendet der Koch die Fleischscheiben in stoischer Gelassenheit über dem Holzkohlengrill. Jeder Bewegung liegt ein Zauber inne, auch dem Charme des Oberkellners, Signor Polizzi, der, etwas kleiner, etwas vernünftiger, ein Bruder von Marcello Mastroianni sein könnte. Signor Polizzi legt vor, was vorzulegen ist. Der Carjcanti im Glas hat die Farbe hellen Honigs, glitzert in der Kehle, und schon erscheint alles, was war, wie alles, was noch kommt, wie geträumt.

Was könnte traumhafter sein als die *dolci*, der süße Abschluss, zu vernaschen in der „Antica Dolceria Bonajuto" in Modica oder im „Caffè Sicilia" in Noto? Ein Liebhaber des Halbschattens kommt in der Schokoladenmanufaktur Bonajuto, die seit 1880 besteht, auf seine Kosten. Alte Gerätschaften in dunklen Vitrinen und ein Seniorchef, Franco Ruta, der es schätzt, seine Ungeduld hinter einem dezenten Lächeln zu verbergen. Wie kommt es zu dieser Schokolade, die von Kennern über die Grenzen Siziliens hinaus geschätzt wird? Was ist das Geheimnis?

Um ehrlich zu sein, doziert Signor Ruta, haben wir in Modica nichts erfunden, unser einziges Verdienst besteht darin, dass wir das mexikanische Rezept bewahrt haben. Spanische Eroberer haben die Methode der Azteken und Maya, Schokolade herzustellen, nach Europa gebracht. Kakaobohnen werden auf höchstens 40 Grad erhitzt, mit den Zusatzstoffen zu einem Granulat zermahlen und vermischt. So bleiben Vitamine, Aromen und Proteine erhalten. Francesco Bonajuto hat diese Methode bewahrt, seine Nachkommen, die Rutas, haben die Herstellungsweise technisch verbessert, aber im wesentlichen beibehalten, sie mischen den afrikanischen Kakao mit Fleisch, Salz, Majoran und Peperoni, aber auch dabei greifen sie meist auf alte Rezepte zurück.

Erfrischung am Vormittag im „Caffè Sicilia" (links): eine Granita und ein kühler Moscato di Noto. Abends gibt's Oliven und Wurst: Stolz präsentiert Metzger Massimiliano Castro Tochter und Salsiccie

An jeder Ecke wartet die Verführung

Höhepunkt der Genussreise: ein Abend im „Wirtshaus zu den verlorenen Geschmäckern“ in Modica

Ganz anders in Noto: Wenn Corrado Assenza in seinem Labor unter dem „Caffè Sicilia“ hantiert, geht es um Einfälle und Experimente, um Düfte und Geschmacksnuancen. Sobald er den Keller verlässt, lernt man ihn als schnellen, geselligen Mann mit dem Lachen eines Abiturienten kennen, der mit naiver Freude die Ingredienzien seiner Kreationen zeigt: Behälter voller kandierter Früchte, Blütenblätter, in Honig eingelegtes Rindfleisch. Als Überraschung zeigt der Zuckerbäcker seinen Garten, ein enges Quadrat der Fruchtbarkeit. Wilder Fenchel, alle Sorten Minze, Lavendel, Orangen, Aprikosen, eine seltene Sorte Erdbeeren, genau auf ihren Geschmack ist er erpicht. „Die erste Idee, süß und salzig zu mischen, kommt aus meiner Kindheit. Wenn wir an den Strand gingen, um zu schwimmen, reichte meine Mutter uns Früchte. Der Fruchtsaft war süß, aber die Lippen waren salzig vom Wasser, und ich erinnerte mich an den Zusammenklang, dieser Geschmack der Kindheit brachte mich auf Ideen.“ Corrado Assenza ist überzeugt, dass jedes Ding auch Spuren seines Gegensatzes in sich trägt. Im Süßen ist auch das Herzhafte, in Fisch und Fleisch existiert das Süße, im Schatten ist Licht.

Während wir reden, entstehen unter Assenzas Händen köstliche Cassatinas und Fruchtsalate. Allein die Creme zwischen Kuchenboden und Früchten ist eine komplizierte Mischung, aber das lässt Signor Assenza nicht gelten: Es ist einfach, beteuert er und meint damit alles, was er erfindet. Es ist einfach, aber nicht leicht.

Am Abend ist der Appetit auf Herzhaftes wieder da. Massimiliano Castros Aufschnitte. Der Laden auf der Piazza San Salvatore in Chiaramonte. Betörender Geruch frischen Fleischs und geräucherter Wurst. Signor Castro, der freundliche Metzger, spricht mit heiserer Stimme von seiner *salsiccia*, der berühmten Fenchelwurst, seinen Salamis, Pasteten und Gelatinen. Er beobachtet das Gesicht seiner Kunden, wenn sie die würzige Fenchelsalami kosten. Das Erwartete tritt ein, und erfreut ihn doch jedes Mal: ein erstauntes Lächeln. Massimiliano ist 40. Mit 14 Jahren hat er auf dem Markt Hühner verkauft. Er begriff, dass die Kunst, guten Aufschnitt zu machen, mit dem beginnt, was die Tiere fressen. Der Metzger macht den Züchtern genaue Vorgaben: Saubohnen, Trockenfrüchte. Sein Laden auf der Piazza Salvatore ist voller Leben. Man hat ein bisschen Angst davor, dass die globalisierte Welt alles gleichförmig macht, und sucht die einmaligen Genüsse. Sizilien zeigt: Man kann sie finden. □

Fritz-Jochen Kopka, *Autor aus Berlin, war zum ersten Mal auf Sizilien.*
Gerald Hänel *fotografierte und probierte: Sein ultimativer Tipp: die Fruchtsalat-Törtchen mit Walderdbeeren von Corrado Assenza.*

MERIAN | TIPP Essen in der Provinz Ragusa

L'Antica Dolceria Bonajuto
Schokolade in Höchstform
(H 7) Modica
Corso Umberto I, 159
Tel. 09 32 94 12 25
www.bonajuto.it

Caffè Sicilia
Salzig-Süßes und mehr
(J 6) Noto, Corso Vittorio Emanuele, 125, Tel. 09 31 83 50 13

Castro Massimiliano Salumificio
Hartwürste und zarte Sülzen
(H 6) Chiaramonte Gulfi
Piazza San Salvatore, 33
Tel. 09 32 92 29 09

Cuba libre
Am Strand, 2 km östlich von Pozzallo
(J 7) Santa Maria del Focallo
Tel. 09 32 95 36 49
www.ristorantecubalibre.it

Majore
Zum Lob des Schweinefleisches
(H 6) Chiaramonte Gulfi
Via Martiri Ungheresi, 12
Tel. 09 32 92 80 19
www.majore.it

Osteria dei Sapori Perduti
(H 7) Modica
Corso Umberto I, 228/230
Tel. 09 32 94 42 47
www.osteriadeisaporiperduti.it

Porto Isola Armenia
Sehr guter Fisch am Hafen
(H 7) Pozzallo
Via Vivaldi / Ecke Via Puccini
Tel. 09 32 95 71 90

Gallo nero in Hamburg
„Ein Ort, an dem meine sizilianischen Heimat zu spüren ist“, sagt Corrado Falco. Er führte Autor und Fotograf durchs Land.
Hamburg, Sierichstraße 46
Tel. (040) 27 09 22 29
www.gallo-nero.net

>> Weitere Infos finden Sie ab Seite 120

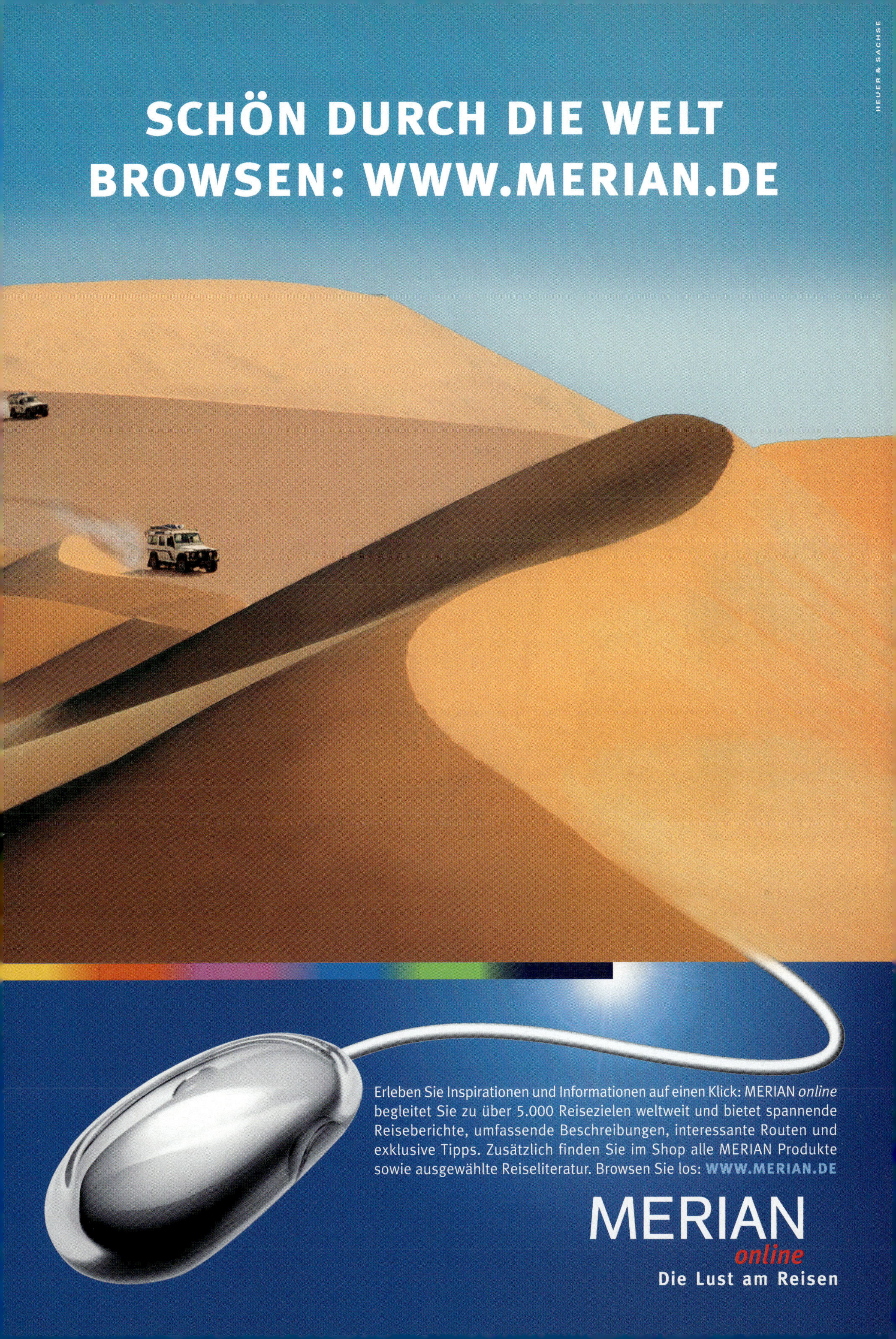

HEUER & SACHSE
SCHÖN DURCH DIE WELT
BROWSEN: WWW.MERIAN.DE
Erleben Sie Inspirationen und Informationen auf einen Klick: MERIAN online begleitet Sie zu über 5.000 Reisezielen weltweit und bietet spannende Reiseberichte, umfassende Beschreibungen, interessante Routen und exklusive Tipps. Zusätzlich finden Sie im Shop alle MERIAN Produkte sowie ausgewählte Reiseliteratur. Browsen Sie los: WWW.MERIAN.DE
MERIAN
online
Die Lust am Reisen

WERDEN SIE JETZT MERIAN-ABONNENT!

GRATIS ZUR WAHL!

MERIAN-Reise-Trolley
Ein hochwertiger Trolley in exklusivem Design mit leise laufenden Rollen und einer aufwändigen Innenausstattung

MERIAN-Reisewecker
Zeitloser analoger Reisewecker mit integrierter Sekunden- und Weckzeitanzeige, verchromtem Metallgehäuse und dunkelblauer Lederhülle. Alarm- und Schlummerfunktion

MERIAN-Konferenzmappe
Der praktische Begleiter für Beruf oder Studium. Die Mappe zeichnet sich aus durch folgende Qualitätsmerkmale: hochwertiges dunkelblaues Rindsleder. Blanko-Schreibblock (50 Blatt), silberner, handlicher Kugelschreiber, Karten- und Netzsteckfach. Format: 25 x 32 cm

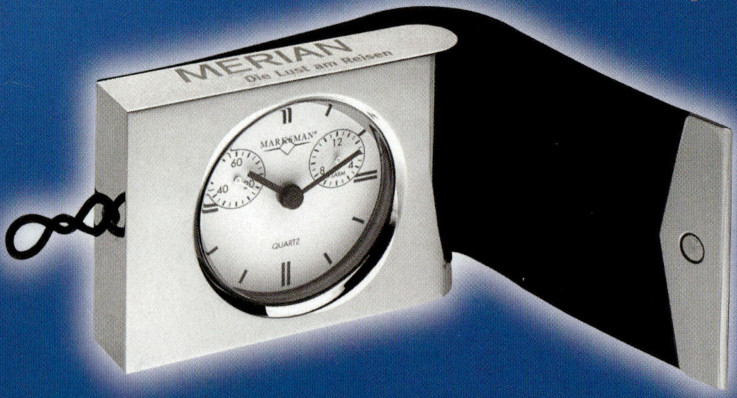

MERIAN | live! | classic | guide | kompass | scout

WEITERE GESCHENKE UNTER WWW.MERIAN.DE

Spuren der Ze

ELYMER PHÖNIZIER GRIECHEN RÖMER VANDALEN GOTEN ARABER NORMANNEN

Siziliens Geschichte zu erzählen, ist eine Aufgabe, für die ein Leben kaum reicht. Doch für den, der ihre Zeichen erkennt, eröffnet sich ein weites Tor in die Vergangenheit

Text: Roland Benn

Stadt seit Jahrtausenden: Cefalù, ein mondäner Badeort, dominiert vom Normannendom. In der Altstadt gibt es noch römisches Straßenpflaster und auf dem Felsen uralte Heiligtümer

Foto: Hans Madej

Von den Griechen bis zu den Staufern

Die Grabkrone Konstanzes, der Frau des Staufers Friedrich II. Mit dem Kaiserpaar endet Siziliens lange Glanzzeit

Die vor 30 Jahren auf der Insel Mozia gefundene „Jüngling" aus dem 5. Jh. v. Chr. gibt Rätsel auf: Grieche oder Punier, Priester oder Krieger, Halbgott oder Transvestit?

Foto: Arsenale Editrice

Bewegte Jahre

Von den Griechen zu den Staufern – über 2000 Jahre entwickelte sich Sizilien zum Zentrum des Abendlandes. Vergänglicher Ruhm: Es folgte ein langer Abstieg zum Armenhaus Europas

10 000 v. Chr.

Erste Siedler bewohnen den Monte Pellegrino bei Palermo und die Ägadischen Inseln.

ab 5000 v. Chr.

Sizilianische Bauern besiedeln Malta und bauen dort Großtempel.

Hellenistisches Griechenland: Hera, Aphrodite und Eros auf einem Hostienkelch. Er entstand im 3. Jh. v. Chr. auf Lipari

Felsen über Caltabellotta. Rechts auf dem Plateau die Normannenfestung, in der 1302 die Aragonesen Sizilien übernahmen

Überblick aus dem Adlernest

Caltabellotta im Westen Siziliens: Auf dieses Adlernest in 949 Metern Höhe über der See steigt niemand ohne Grund. Über dem Ort erheben sich spitze Felsen, in diesen öffnet sich ein hoher Spalt, breit genug für zwei Fußgänger. Wer durch ihn tritt, steht unvermittelt im Wald, der Nordhang des Berges ist üppig grün, kein Haus ist zu sehen, fast unberührt erscheint die Natur. Von hier lässt sich an klaren Tagen die gesamte Insel überschauen, vom Ätna bis zu den Ägadischen Inseln, ein Anblick, der Menschen fasziniert, seit Menschen auf die Insel kamen. Hier präsentiert sich dem Reisenden ganz Sizilien in räumlicher und zeitlicher Dimension.

Caltabellottas exponierte und zugleich geschützte Lage hat all jene angezogen, die Sizilien beherrschten, überrannten, eroberten, zerstörten, aufbauten oder beschützten. Sie alle haben ihre Spuren hinterlassen, und wer auf den Felsen klettert, macht eine Gratwanderung zwischen Geschichte und Natur, zwischen Menschenwerk und Schöpfung.

Schon aus der Vorgeschichte sind hier Grabanlagen überkommen, die vier Nekropolen, die die Stadt umgeben, zeugen von den Bewohnern der Bronzezeit, man sieht einige der Felsgräber bei der Anfahrt direkt neben der Straße. Auf der Gulèa genannten Bergspitze, heute heißt sie Gogàla, gab es den ersten Kern einer prähistorischen Siedlung, in der Nähe gründeten Sikaner die Stadt Inycon, bauten Tempel für Götter, deren Namen wir nicht kennen. Im 6. Jh. übernahmen Griechen Inycon, ob mit Gewalt oder friedlich, wissen wir nicht. Die Stadt jedenfalls lebte weiter unter ihrem neuen Namen Triokala.

258 v. Chr., im Ersten Punischen Krieg, wird die Stadt von den Römern zerstört. Die Bewohner bauen ihre Stadt in der Nähe wieder auf, nennen sie Trokalis (neues Triokala) noch heute heißt ein Stadtviertel von Caltabellotta Troccoli. Im zweiten Sklavenkrieg (104-101 v. Chr.) verschanzt sich der Sklavenanführer Salvius mit 40 000 Getreuen auf dem Gipfel.

Es kamen die Vandalen, die von Afrika aus übersetzten, die Goten kauften ihnen die Insel ab, und auch als Feldherr Belisar sie vertrieb und Sizilien für Byzanz eroberte, wird er den Aussichtspunkt zwischen Selinunt und Agrigent nicht übersehen haben, aber zu dieser Zeit hatten die Einwohner Caltabellotta nach all den Zerstörungen aufgegeben.

Erst die Araber bauten die Stadt ab 860 wieder auf, befestigten sie, offenbar unter Verwendung von Eichenholz, denn sie nannten den Ort Eichenfestung, arabisch *Qal'at al Balluut*, und so heißt sie, leicht verformt, bis heute.

Im 11. Jahrhundert legten die Normannen hier ein Kastell an, wie sie es fast auf jedem Berg taten, und in eben dieser Burg wurde 1302 der Frieden geschlossen, der Sizilien nach langen Kämpfen dem spanischen Hause Aragon zuschlug.

Es gibt viele Plätze auf der Insel, an denen sich die verwickelte Geschichte Siziliens so massiv niedergeschlagen hat, aber nur wenige von so dramatischer Schönheit wie Caltabellotta.

Wir möchten Ihnen einige Aspekte aus der Zeit zwischen 800 vor und 1200 n. Chr. zeigen. Vieles wird unvollständig sein, der Historiker wird mehr vermissen als Neues finden. Gleichwohl: Das Dunkel der Vergangenheit bietet noch einige Überraschungen.

858 v. Chr.
Phönizier errichten Handelsniederlassungen an der Küste und besiedeln den Westen der Insel.

735 v. Chr.
Ionische Griechen aus Euböa und Naxos legen die erste Siedlung der Magna Graecia an: Naxos beim heutigen Taormina.

734 v. Chr.
Korinthische Griechen gründen Syrakus.

Die große Auswanderung

Vor 2800 Jahren wird Sizilien Teil der Magna Graecia, der griechischen Welt, die sich bald von hier bis jenseits des Schwarzen Meeres erstreckte. In vielen Reiseführern wird die griechische Besiedlung Siziliens mit der europäischen Entdeckung Amerikas verglichen, auch die Historiker sprechen von Kolonisation. Aber das sind Worte, die in die Irre führen. Die Auswanderung hatte keine Ähnlichkeit mit dem, was wir heute unter Kolonisation verstehen.

Die Gründe, aus denen sie begann, sind nur in wenigen Fällen bekannt, es werden ganz unterschiedliche gewesen sein. Die häufig genannte Überbevölkerung im griechischen Stammland mag es gegeben haben, sie setzt allerdings ein wirtschaftliches Wachstum in den Jahrzehnten zuvor voraus, von denen sehr wenig überliefert ist. Naturkatastrophen, lokale Kriege oder auch soziale Umschichtungen in den wachsenden Städten können ebensolche Gründe gewesen sein.

Eines allerdings wird sicher eine Rolle gespielt haben: das Erb- und Bürgerrecht. Freier Bürger der Stadtstaaten konnte nur sein, wer außer einem Wohnsitz in der Polis auch eine Landwirtschaft im Umland nachweisen konnte. In manchen Gemeinwesen wurde die Größe dieser Anwesen gesetzlich festgelegt, aber auch ohnedies

Bevor die Griechen kamen

Seit etwa 1000 v. Chr. lebten die **Elymer** um Segesta und Erice, wo ihre Stadtmauern noch stehen. Nach Thukydides stammten sie von Flüchtlingen aus Troja ab. Die kriegerischen **Sikaner** im Westen wehrten sich dauerhaft gegen griechischen Einfluss. Die **Sikuler** wanderten im 13. Jh. v. Chr. aus Ligurien oder Latium ein. Die **Phönizier** (Punier aus Karthago) trieben lieber Handel, als dass sie Kolonien errichteten. Ausnahme: Sizilien. Sie besiedelten den Nordwesten und standen mit den Sikanern in engem Kontakt.

Welchem Gott der Tempel C in Selinunt geweiht war, weiß niemand. Auch wer ihn betrat, ist offen: Mal kontrollierten Punier die Stadt, mal Griechen

Foto: Hans Madej

728 v. Chr.

Siedler aus Megara bei Athen gründen Megara Hyblaea, von hier aus wird 100 Jahre später die Tochterstadt Selinunt im Westen der Insel errichtet.

688 v. Chr.

Einwanderer aus Rhodos gründen Gela, von hier aus wird um 580 Akragas gegründet, das heutige Agrigent.

musste es ein Ausmaß haben, das eine städtische Familie ernährt, denn dies war der Sinn der Regel. Folge dieses Verfahrens war, dass die Zahl der Bürger von der Größe des Umlands abhängig war und die einzelnen Besitze nicht beliebig zerteilt werden konnten. Ein Dilemma für kinderreiche Familien, denn die Söhne ohne Landbesitz mussten befürchten, ihren Status als Bürger der Polis zu verlieren. Und das bedeutete: Man warf sie hinaus.

Vermutlich waren es daher die überschüssigen Söhne Attikas, die Naxos, Gela und Syrakus gründeten. Dafür spricht auch, dass diese Auswanderung offenbar reine Männersache war. Frauen hatten bei den Erfindern der Demokratie sowieso nichts zu sagen. Mit Ausnahme der Priesterinnen hatten sie den Mund zu halten und Haus und Kinder zu hüten. Als die Welle der griechischen Neugründungen rund ums Schwarze Meer, entlang der nordafrikanischen Küste und vor allem in Süditalien begann, waren in den seltensten Fällen Frauen dabei.

Anders als die Kolonisten Amerikas wussten die Griechen auch sehr genau, wohin sie fuhren. Sizilien war schon lange Teil des mediterranen Seefahrtnetzes, und schon um 1200 v. Chr. hatten sich, wenigstens an der Ostküste, Griechen aus Mykene niedergelassen. Auch in den sogenannten Dunklen Jahrhunderten, die der griechischen Landnahme unmittelbar vorausgehen,

SELINUNT

Kaum eine Stadt hat in antiker Zeit eine so wechselvolle Geschichte wie Selinunt. Die Tochterstadt von Megara Hyblaea wurde 628 v. Chr. angelegt. 480 nimmt Selinunt als einzige griechische Stadt auf Seiten der Karthager (auch Punier genannt) an der Schlacht von Himera teil, **die Karthager werden von der Insel vertrieben.** Im 5. Jh. wird die Stadt durch Landwirtschaft und Handel reich, 409 v. Chr. wird sie von den Karthagern zerstört. Kurz darauf legt der Syrakuser Hermokrates auf der Akropolis eine neue Festung an. 40 Jahre später gerät Selinunt in die Hände des Syrakusers Dionysios. 307 stürmt der syrakusische Tyrann Agathokles die Stadt, baut die Akropolisfestung aus. Kurz darauf gerät Selinunt erneut in punische Hände. **Nach 150 Jahren ständigen Wechsels zwischen Griechen und Puniern wird die Stadt 250 v. Chr. von den Römern zerstört und danach nie wieder aufgebaut.** In den vergangenen Jahren hat das Deutsche Archäologische Institut das Gelände neu untersucht. Dabei konnten Quartiere der Karthager deutlich von denen der Griechen unterschieden werden. Offen ist die Frage, wie sich das Zusammenleben dieser verfeindeten und sehr unterschiedlichen Völker gestaltete.

Die Griechen schenkten uns die Charaktermasken: Der junge Pan, die Hetäre und der Bärtige stammen aus dem 3. Jh. v. Chr.

580 v. Chr.

Als letzte Kolonisten kommen Griechen aus Rhodos in den Westen der Insel, werden dort aber von Karthagern und Elymern vertrieben, sie ziehen weiter und lassen sich auf Lipari nieder.

ab 570 v. Chr.

Immer wieder schwingen sich Einzelne zu Tyrannen auf: Phalaris in Akragas (570), Gelon in Syrakus (485), ebenso in Syrakus: Dionysios (405).

ist die Insel wahrscheinlich stets in Kontakt mit Attika gewesen.

Die Neuankömmlinge kannten also nicht nur den Weg und wussten, was sie erwartete, auch die dort lebenden Völker wussten, wer da kam: waffentechnisch und seefahrerisch überlegene Griechen aus Ionien und Doris, die sich durchaus in einer Notsituation befanden. Sie hatten keine Möglichkeit zur Umkehr, daher überrascht es nicht, dass der Umgang mit den Einheimischen wenig rücksichtsvoll war.

Aber auch hier gibt es kein einheitliches Bild. Nicht immer gingen die Ankömmlinge gewaltsam vor. So haben neuere Untersuchungen der Universität Bochum ergeben, dass in Gela nach Ankunft der Siedler erst einmal für Generationen Frieden herrschte. In Gelas Umland siedelten Sikuler, trieben Handel mit den Griechen und nahmen einiges aus deren Kultur an. Spuren von Vertreibung oder befestigte Anlagen sind hier erst ab dem 4. Jahrhundert zu finden.

Wie unter diesen Umständen die Teilung in Stadt und Umland organisiert wurde, ist fraglich, vielleicht war es ein langer Prozess, der am Ende doch zu Auseinandersetzungen führte. Denn zwar wuchsen Syrakus, Selinunt, Palermo und Agrigent zu reichen und kulturell blühenden Städten heran, aber sie waren auch stets in blutige Auseinandersetzungen mit Nachbarstädten und Ureinwohnern verwickelt.

Archimedes' Kampf gegen Rom

In den Punischen Kriegen stritten Rom und Karthago bis 241 v. Chr. um die Insel, schließlich wurde sie Roms erste Provinz. Letzte Bastion der Griechen war **Syrakus**, das drei Jahre belagert wurde. Seine Einnahme verzögerte sich unter anderem durch die **Erfindungen des Archimedes**: Er soll eine Kriegsmaschine nach der anderen gebaut haben, riesige Brennspiegel und ein Gerät, das angreifende Schiffe aus dem Wasser hob und zerschmetterte. Bis ein römischer Soldat „seine Kreise störte" und ihn köpfte.

Jede Menge Kleinarbeit: Renovierung der Mosaiken im achteckigen Kaltbaderaum der Villa del Casale

Wer baute die Villa Romana?

Schon weit vor der Stadt Piazza Armerina sind die Hinweisschilder auf die Villa Romana del Casale zu sehen, aber je näher man dem Ort kommt, desto häufiger heißt es „Villa imperiale". Groß ist die Anlage zwar, und sie strahlt Reichtum und Macht aus, aber ein Kaiser hat hier wahrscheinlich nicht gewohnt. Wer aber dann?

Das Römische Reich war in seinem Herbst, als die Villa erbaut wurde: Im 4. Jahrhundert war das, rund 100 Jahre, bevor germanische Völker das Ende des Imperiums einleiteten. Spätantike sagt man gern zu dieser Epoche, aber noch sollte es dauern, bis Vandalen und Goten die Insel heimsuchten, in Sizilien gehen die Uhren sowieso etwas anders: Auch als die wandernden Völker längst wieder verschwunden waren und Byzanz und Araber sich im 9. Jahrhundert um Sizilien stritten, stand die Villa noch, mehr oder weniger gut erhalten, mal mögen Hirten darin gehaust haben, mal ganze Familien. Die Araber richteten Teile des Gebäudes wieder her, es wurde wieder Mittelpunkt einer Latifundie, wieder erfreuten sich Großgrundbesitzer wie in der Antike an Gesang und Gedicht.

Dann aber begruben bei einem Erdrutsch Schlamm und Wasser die Anlage mit ihren Bädern, Vestibülen, Hallen, den Wohn- und Repräsentanzräumen, die Villa war unbewohnbar, bald stürzten Dach und Wände ein, nur Fundamente und Mauern blieben erhalten und vor allem der Fußboden.

Dieser Fußboden ist bedeckt mit den größten und besterhaltenen römischen Mosaiken. Fast alle Räume, die Bäder und Flure, die Schlaf- und Empfangsräume sind ein einziges Panoptikum antiker Vorstellungen. Szenen aus Mythologie und Alltag, aus Garten und Küche, aus Menschlichem und Übermenschlichem. Wer die hervorragend geschützte und auf Übergängen zugängliche Anlage besucht, wird Zeuge

ab 480 v. Chr.

Die Karthager unter Hamilkar greifen die sizilianischen Städte an, während ihre persischen Bündnispartner in der Schlacht bei Salamis Athen attackieren. Die Sizilianer siegen in der Schlacht von Himera, die Athener auf See.

415 v. Chr.

Athen führt einen „Präventivkrieg" gegen Syrakus, um dessen befürchtete Unterstützung Spartas zu verhindern. Die Athener werden vernichtend geschlagen.

Ein Teil des Komplexes, wie er sich um 400 n. Chr. dargestellt haben mag. Das 66 Meter lange Mosaik der „Großen Jagd“ befindet sich im oberen Quergebäude

Individuen oder Sinnbilder? Das Mädchen rechts trägt deutlich eine große Narbe auf dem Bauch, kannte man ihren Namen?

jener Zeit. Da spielen geile kleine Eroten umher und belegen, dass Lüsternheit ein alltägliches Thema war. Da winden sich die Giganten unter den Pfeilen des Herkules, da sehen wir die Gefährten des Odysseus, wie sie den einäugigen Polyphem besiegen, und merkwürdig: Der Riese Polyphem hat nicht ein, sondern drei Augen, wahrscheinlich haben die Römer bei der Übernahme der griechischen Mythologie beide Augen zugedrückt.

Hauptattraktion ist der Raum, an dessen Boden Mädchen im Bikini Sport treiben, und, bei allem Liebreiz, das Interessanteste daran ist eine Narbe. Sie weist darauf hin, dass hier nichts Allegorisches dargestellt ist, sondern Individuen. Eine deutliche Blessur macht eines der Mädchen zu einer Figur, die die Zeitgenossen vielleicht mit Namen kannten, und auch die anderen haben womöglich Merkmale – die Frisur, die Augenfarbe –, die sie für die damaligen Betrachter erkennbar machten.

Solch ein Realismus könnte auch für die „Große Jagd“ gelten, ein 66 Meter langer Flur, an dessen Anfang die Dame Indien sitzt, am Ende ihre Kollegin Afrika: die Grenzen der bekannten Welt. In diesem Zyklus ist alles versammelt, was zum Thema Jagd zu erfahren ist: Notwendigkeit und Gefahr, Glück und Triumph und darüber hinaus allerlei Rätselhaftes.

Löwen werden angelockt, Gazellen umzingelt, Wasserbüffel auf Schiffe verladen, ganz nebenbei macht sich ein Leopard über eine Antilope her, und ein verletzter Löwe wirft einen Häscher zu Boden. Erstaunlich ist der Realismus der Tierdarstellungen. Hinweis auf die Weltläufigkeit der Spätantike oder auf die des Hausherrn?

Neben allem Realismus erstaunt allerdings ein Detail: Am Ende der Jagd sehen wir einen Greifen, einen löwenbeinigen Raubvogel, der sich auf einen Käfig stürzt, in dem ein Mensch kauert. Unklar ist, was hier eigentlich dargestellt wird. Dies und ein Phönix sind die einzigen sagenhaften Tiere im Zyklus. Womöglich ist dies ein Erlebnis bei einer tatsächlichen Expedition. Dagegen spricht auch nicht die Sagengestalt des Greifen, denn seinerzeit machte man keine großen Unterschiede zwischen Sage und Wahrheit. Der Physiologus, ein in Alexandria des 2. Jahrhunderts entstandenes Kompendium der Tierwelt, zählt neben Löwen und Tauben auch Einhorn und eben den Greifen auf: Fabeltiere waren dem Römer ebenso real wie das Rind im Stall. Dies deutet darauf hin, dass der Erbauer der Villa sein Geld auf sehr exotische Weise verdiente: als Tierimporteur.

Die große Jagd wurde nicht veranstaltet, um Wildbret für die Küche zu gewinnen, sondern Tiere für die Arena, die dort miteinander oder gegen Menschen kämpften. Für solche Inszenierungen wurden auch gern Löwen als Greifen verkleidet und auf Menschen losgelassen. So könnte es sein, dass das seltsame Bild am Ende des Zyklus beschreibt, was in jeder größeren Stadt im Römischen Reich zu sehen war: blutige Arenenkämpfe.

Dann wäre die Villa Beleg dafür, dass der dafür notwendige Tierimport einen Reichtum bescheren konnte, der dem eines Kaisers gleichkam.

Sizilien war Roms erste Provinz und Kornkammer. Augustus-Münze, um 15 v. Chr.

ab 409 v. Chr.

Der Karthager Hannibal I. erobert eine Stadt nach der anderen, scheitert aber an Syrakus unter dem Tyrannen Dionysios I.

5. Jh. v. Chr.

Blüte der griechischen Kultur auf Sizilien. Syrakus wird die größte Stadt der griechischen Welt.

Siziliens Glück unter den Arabern

Immer wieder hatten Araber seit dem 7. Jahrhundert versucht, Sizilien zu erobern, planlos zumeist, aber auch erfolglos. Am Ende jedoch musste man sie dazu überreden. Der byzantinische Admiral Euphemios zettelte 827 eine Revolte gegen Ostrom an. Dazu erbat er Hilfe im nordafrikanischen Kairouan, aber die Araber zögerten: Zu gefährlich erschien ihnen die Unternehmung. Aber schließlich nahmen sie sich der Insel an. Und wie: Von Euphemios ist in den Geschichtsbüchern seitdem keine Rede mehr.

Unter dem Herrschergeschlecht der Fatimiden erblühte die Insel. Das lag unter anderem an den Neuerungen der Araber: Sie installierten ausgeklügelte Bewässerungssysteme, importierten Zuckerrohr, Zitrusfrüchte und Dattelpalmen sowie die aus China stammende Seidenraupenzucht, die noch heute eine Rolle in Sizilien spielt. Andererseits ein neues Steuersystem. Die Steuer auf Zugvieh wurde abgeschafft, weil sie die Landwirtschaft behindert hatte, und eine Grundbesitzabgabe eingeführt, die den Bauern die Urbarmachung von Brachflächen versüßte. Das verhalf der Landwirtschaft zu enormer Produktivität. Die Herrschaft der Araber basierte auf diesem neuen Wohlstand, diese 200 Jahre waren für Sizilien die fruchtbarsten des Mittelalters. Die Araber bauten Moscheen und Schlösser– allein 300 in Palermo – und schufen die schönsten Gärten.

In Wissenschaft und Künsten waren die Araber im neunten bis elften Jahrhundert den Europäern haushoch überlegen, das Gleiche gilt für Handel, Technik und Kommunikation. In den Ländern Roms war die Entwicklung dieser Bereiche zum Erliegen gekommen, den Norden hatten sie noch nicht erreicht, die Araber jedoch hatten den Kenntnisstand der späten Antike bewahrt und in den Universitäten von Bagdad, Kairo, Rabat und Cordoba weiterentwickelt. Außerdem trieben sie Handel mit Indien und China, von wo sie Mathematik, Orangenzucht und Kompassnadeln mitbrachten.

Sizilien entwickelte sich unter den Arabern zu einer luxuriösen Welt, und von hier nahm eine neue europäische Epoche ihren Anfang. Dies gilt umso mehr, als arabisches Wissen sich unter den nachfolgenden Normannen weiter entfalten und verbreiten konnte.

Italiens Kaufleute kopierten die arabische Rechenkunst und Buchführung, auch Preis- und Gewichtskontrollen übernahmen sie, vor allem auch Methoden des Geldtransfers, die bald darauf die ersten Großvermögen in den entstehenden Stadtrepubliken Italiens ermöglichten. Die gingen damit das *Risiko* ein, dass ein *Scheck* platzte, aber das war im *Tarif* schon eingerechnet – all diese arabischen Worte gehören bis heute zum Bänkervokabular.

Uhren und Messgeräte, Fernrohrlinsen und medizinische Instrumente verfeinerten die arabische Forschung, arabische Wissenschaftler trugen die Kenntnisse der Antike weiter. Den zurückgebliebenen Europäern aber war das unheimlich. Die römische Kirche verbot naturwissenschaftliche Forschung auf der Grundlage arabischer Kenntnisse, belegte sogar Forscher mit der Todesstrafe. Eine Kehrtwende: Mit diesem Bann griff die Kirche zum ersten Mal in weltliche Fragen ein.

Selbst das Bild der christlichen Ritterlichkeit stammt von arabischen Idea-

75 Jahre arabische Eroberung

Asad ibn al-Furat, der 68-jährige Kadi von Kairouan, überredete den Herrscher Ziyadat Allah, dem abtrünnigen Byzantiner Euphemios zu helfen, und übernahm selbst den Oberbefehl. **Araber, Berber, spanische Sarazenen und Perser segelten am 13. Juni 827** auf 70 bis 100 Barken aus dem Hafen von Susa, mit 700 Pferden und 10 000 Fußsoldaten. Sie landeten am 17. Juni bei Mazara. Palermo fiel 831. Die Eroberung dauerte Jahrzehnte, bis sich **902** auch Taormina ergab, über ganz Sizilien schien der Halbmond.

Arabische Handwerker arbeiteten noch unter den Normannen. Der Kreuzgang von Monreale und besonders sein Brunnen sind reines Morgenland

218–201 v. Chr.

Zweiter Punischer Krieg. Als Syrakus sich auf die Seite Karthagos schlägt, erobert Rom die gesamte Insel. Statthalter werden eingesetzt, Sizilien wird zur Kornkammer Roms. Die griechische Kultur bleibt jedoch erhalten.

136–132 v. Chr.

Erster Sklavenkrieg. Unter Eunus' Führung bringen Sklaven mehrere Städte und einen Teil Innersiziliens unter ihre Kontrolle, bevor sie von römischen Truppen besiegt werden.

Foto: Alfio Garozzo

len ab, die Kirche lehnte das Kriegshandwerk wie alles Weltliche bis zur Jahrtausendwende grundsätzlich ab: Das Leben eines Kriegers galt als Inbegriff der „sündigen Gottferne und als Gefährdung des Seelenheils". Das ritterliche Ideal von Treue und Selbstlosigkeit wird dagegen schon in arabischen Heldenliedern aus vormohammedanischer Zeit besungen.

Gleichzeitig halten seltsamerweise arabische Elemente Einzug in die kirchliche Welt: Myrrhe, Weihrauch und die Zählweise des Rosenkranzes, abgeleitet von der arabischen Gebetskette mit 33 Perlen, die dreimal gedreht wird, um die 99 Namen Allahs zu loben.

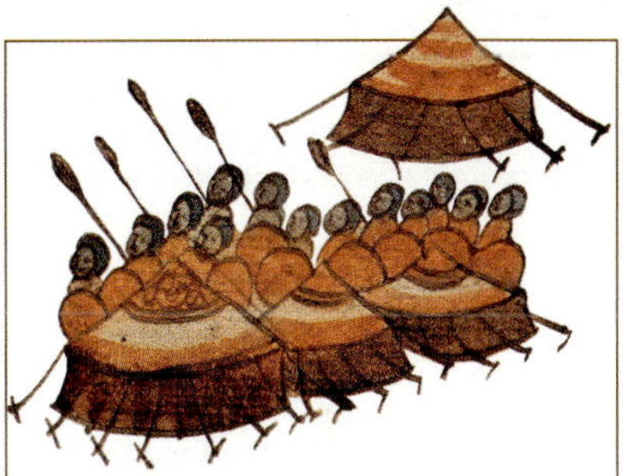

ALL'ARABICO

Die Araber haben sich auch um Sizilien verdient gemacht, weil sie verfallene Städte wieder aufbauten und etliche neu gründeten. Kein Wunder also, dass viele geografische Namen auf der Insel arabischen Ursprungs sind:
Alcamo: al Kamuk (Name des arabischen Stadtgründers)
Alcantara: al Qantara (Brücke)
Bagheria: bahariah (Platz am Meer)
Caltabellotta: Qal'at al Balluut (Eichenfestung)
Caltagirone: Qal'at al Gerun (Höhlenfestung)
Caltanissetta: Qal'at an Nisaa' (Frauenfestung)
Cassara: Qasr (Palast)
Gibilmanna: Djebel al Manna (Berg des Verlangens)
Marsala: Marsa al Allah (Gottes Hafen)
Marzamemi: Marsa al Muammad (Hafen des Mohammed)
Misilmeri: Manzil al Amir (Haus des Fürsten)
Mongibello: Kosename des Ätna aus Monte (ital. Berg) plus Djebel (Berg)

104–101 v. Chr.
Zweiter Sklavenkrieg. Aufständische Sklaven unter Salvius werden rasch besiegt.

1. Jh. n. Chr.
Beginn der Kaiserzeit. Sizilien wird allmählich römisch, die lateinische Sprache verbreitet sich, der Großteil der Bevölkerung spricht weiter griechisch.

212 n. Chr.
Bewohner Siziliens werden römische Bürger (Constitutio Antoniniana).

Gottkönig: Roger II. lässt sich im Dom von Palermo die Königskrone reichen – vom Heiland persönlich, nicht aus der Hand des Papstes

Normannisch sind das Kastell und der Kirchturm in Caccamo bei Palermo. Die Bautätigkeit der Normannen war enorm

Als die wilden Kerle kamen

Viele Völker aus dem Norden hatten Sizilien heimgesucht: Goten, Vandalen und Langobarden. Alle gründeten Reiche, die rasch vergingen und wenig hinterließen. Die Brüder d'Hauteville jedoch waren anders: Am Anfang mehr eine Bande als ein Herrschergeschlecht, mehr Räuber als Regenten, hinterließen sie ein reiches Erbe.

Die Einnahme Siziliens durch die Normannen ist ein in der europäischen Geschichte einmaliger Vorgang. Sie handelten in niemandes Auftrag, vertraten keinen Staat, und sie waren auch kein Volk, das, wie etwa die Goten, nach einer Heimat suchte. Eine kleine Truppe Abenteurer eroberte sich auf eigene Faust ein Königreich zusammen.

Sie waren Söhne eines nordfranzösischen Kleinadligen mit Namen Tankred d'Hauteville. Den ältesten, Wilhelm, genannt „Eisenarm", hatte es in die Dienste des Grafen von Salerno verschlagen, eines Langobarden namens Waimar. Wilhelm hatte eine kleine Truppe aus Söldnern zusammengestellt, mit denen er dem Grafen das Territorium sicherte. Als der byzantinische Kaiser 1038 den Feldherrn Maniakes nach Sizilien schickte, um dort gegen die Araber vorzugehen, bat der Waimar von Salerno um Hilfe. Er gab ihm seine Normannenschar mit, 300 Krieger unter dem Befehl der Brüder Wilhelm, Drogo und Humfried. Sie leisteten ganze Arbeit und eroberten Messina, Syrakus und andere Städte. Dann aber gab es Streit: Maniakes wollte die Nordmänner um den Beutelohn bringen und jagte sie davon.

Zurück in Apulien ließen sie ihre Wut an Städten wie Melfi aus. Mit diesem Raubzug begann ihre Macht: Waimar von Salerno konnte sie nicht stoppen, und auch die Byzantiner scheiterten bei dem Versuch, die jähzornige Bande in Apulien zu stellen. Maniakes musste abziehen und auch Sizilien wieder den Arabern überlassen.

Wilhelm, Humfried und Drogo hatten nun ein paar Landstriche im Besitz und führten kein schlechtes Leben. Wilhelm nannte sich Graf, die Kunde davon drang in den Norden Frankreichs. Von dort kam Bruder Robert, genannt Guiskard, der Schlaukopf. Nach Wilhelms, Drogos und Humfrieds Tod ließ er sich im Jahre 1059 zum Herzog von Apulien und Kalabrien ausrufen.

Robert Guiskard arrangierte sich noch im selben Jahr mit dem Papst, der die Normannen anfänglich als Ungläubige behandelt hatte. Dringend nach Verbündeten im Investiturstreit suchend, hatte Nikolaus II. die stärkste Kraft in Süditalien anerkannt, und das waren die wilden Kerle aus dem Norden: Robert wurde lehensabhängig und erhielt zu dem Herzogtitel auch den eines Grafen von Sizilien.

Eine Stimme aus Arabisch-Spanien

Als Mohammed ibn Dschubair aus Valencia im 12. Jahrhundert Sizilien bereiste, pries er den Normannenkönig Wilhelm II. „Der König", so berichtet er, „liest und schreibt arabisch; sein Harem besteht aus muselmanischen Frauen. All seine Pagen und Eunuchen sind heimlich Muselmänner."

3. Jh. – Das Christentum breitet sich in Sizilien aus.

313 – Christentum wird Staatsreligion durch Theodosius I. Griechische Tempel werden zerstört oder in christliche Kirchen umgewandelt.

330 – Konstantin der Große. Konstantinopel wird Hauptstadt des Oströmischen Reiches.

440 – Die Vandalen haben Karthago zu ihrer Hauptstadt gemacht und erobern Sizilien.

Roger reitet in Palermo ein: Die Darstellung aus dem 19 Jh. ist nur wenig idealisiert, die Araber übergaben die Stadt kampflos

Dann kam sein jüngster Bruder Roger. Auch er wollte von der Karriere seiner Verwandten profitieren. Aber leider, allmählich wurde es eng im Süden. Robert ließ Roger abblitzen, der aber kehrte nicht um, sondern betätigte sich ein paar Jahre als Wegelagerer, sammelte eine Schar um sich und wurde allmählich gefährlich. Aber Herzog Robert Guiskard wusste sich zu helfen: Er versöhnte sich mit Roger und schenkte dem kleinen Bruder das große Sizilien.

Das war etwa so, als wenn Ihnen ein Taxifahrer in Palermo den Monte Pellegrino verkauft. Denn in Sizilien saßen noch immer die Araber, wehrhaft und sicher. Roger musste sich seinen Anteil schon mit Gewalt holen, aber für einen gestandenen Wikingerahnen war das eine reizvolle Aufgabe.

Die Brüder halfen sich. Sie hatten 1060 Reggio erobert und die Küste der Insel vor Augen. In einer Nacht setzte Roger mit einer Handvoll Kumpanen nach Messina hinüber, schlug sich mit den Sarazenen am Ufer herum, sprang wieder ins Schiff und segelte nach Reggio zurück – kein Sieg, aber ein kleiner Vorgeschmack. Im Jahr darauf ergab sich eine neue Chance: Der Emir von Syrakus, Ibn al-Timnah, reiste 1061 nach Apulien und machte den gleichen Fehler wie der Byzantiner Euphemios 234 Jahre zuvor: Er bat um militärischen Beistand, erzählte, dass sein Schwager ihn vertrieben hätte, stellte die heillose Zerrüttung Siziliens dar.

Das ließen sich Roger und Robert nicht zweimal sagen. Sie überrannten Messina erneut und eroberten den Nordosten. Sie bauten eine Flotte auf, belagerten Palermo und nahmen es 1071 ein. Dann zog sich Robert nach Apulien zurück, überließ Roger die Insel und schenkte ihm zum Abschied noch seinen Grafentitel. Roger I., ein Bauernlümmel aus dem kalten Nordfrankreich, eroberte in den folgenden Jahren Sizilien. Ein gewalttätiger und grausamer Feldzug, ganz im Stil der Zeit.

Die normannische Herrschaft aber war, was man bei solchen Voraussetzungen nicht unbedingt erwarten sollte, eine Blütezeit für die Insel. Die Normannen lernten von den Arabern Toleranz, kopierten sie in ihren Vorlieben bis hin zur Mode und unternahmen

Wer waren die Normannen?

Seit Beginn des achten Jahrhunderts terrorisierten die Wikinger Europa. In Frankreich hatten die Nordmänner wiederholt die Klöster entlang der Seine geplündert. 911 schenkte Karl der Einfältige, König von Frankreich, den Wikingern das Land, das sie heimsuchten. Seine Idee: Die Wüstlinge würden mit ihren Zerstörungen aufhören, wenn ihnen das Land gehörte. Der Plan ging auf. Rollo, Anführer der Wikinger, wurde lehensabhängiger Herzog der Normandie, er ließ sich taufen und nannte sich fortan Roger. Die rauen Burschen ließen sich nieder, sie bauten Farmen, um die sich bald Dörfer gruppierten. Und sie gliederten sich in die Hierarchie des mittelalterlichen Lehnsadels ein, die durchgehend von oben nach ganz unten reichte. Einer dieser Dorfgrafen war, 100 Jahre später, Tankred d'Hauteville, der zwölf Söhne zeugte. Er hatte vielleicht einen Palisadenzaun um sein Gehöft, vielleicht hatte er den Bauern eine Kuh als Lehen abgerungen, aber ein Dutzend Söhne konnte er nicht ernähren. Er schickte sie einen nach dem anderen in die Welt hinaus, ihr Glück zu suchen. Und sie fanden Sizilien.

493 – Die Ostgoten unter Odoaker kaufen den Vandalen die Insel ab und gliedern sie in ihr kurzlebiges Reich ein.

651 – Erste arabische Überfälle auf Sizilien.

827 – Der byzantinische Admiral Euphemios bittet die Araber um Hilfe.

831 – Palermo fällt an die Araber.

nichts gegen den muslimischen Glauben. Juden und Moslems konnten nach eigener Rechtsprechung leben, wenn sie auch Sondersteuern zahlen mussten.

War Roger I. noch Graf von Sizilien, ernannt von seinem älteren Bruder, so ließ sich sein Sohn schon als von Gott eingesetzter Monarch darstellen. Vom Papst wurde Roger II. zwar mit dem Königstitel versehen, aber er sah sich in orientalischer Tradition eher als Gottkönig denn als Lehensabhängiger eines Papstes, der sich, durchaus strittig, die Lehenshoheit für Sizilien herausnahm.

Unter Roger II. Herrschaft und der seiner beiden Nachkommen mit Namen Wilhelm entwickelte sich die gerühmte normannisch-arabische Kultur: eine Fülle der prächtigsten Kirchenbauten des Mittelalters.

Allerdings ist der normannische Anteil daran nur der eines Bauherrn, denn die Handwerker waren Araber und Griechen, die Ikonografie der Kirchen ist rein byzantinisch. Die Normannen hatten keine kulturellen Mitbringsel, was sie aus Frankreich kannten, war kein normannischer Baustil, sondern schlichte französische Romanik. Mit bizarren Szenen: Kathedralen, in denen französische Wikinger in arabischer Kleidung zu griechischen Pantokratoren aufblickten.

Stupor mundi et immutator mirabilis – das Staunen der Welt und ihr wunderbarer Verwandler: Friedrich II. mit seinem Falkner

30 Jahre für 300 Kilometer

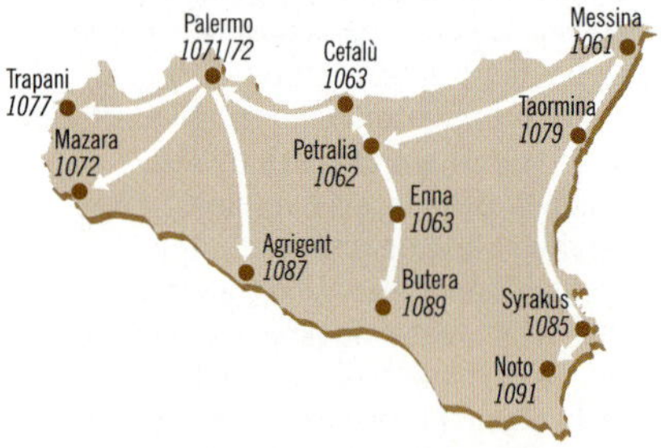

Die normannische Eroberung Siziliens war langwierig: Stadt für Stadt wurde eingenommen, immer wieder musste Roger in Apulien aushelfen. Am Ende fiel 1091 auch Noto als letzte Bastion der Araber.

Stille Schönheit: Eleonore von Aragon, Königin von Navarra, Ausbeuterin Siziliens, um 1450

965 – Ganz Sizilien ist unter arabischer Herrschaft. Palermo ist Regierungssitz und wächst auf 100 000 Einwohner.

1061 – Die Brüder d'Hauteville erobern Messina.

1071 – Die Araber übergeben Palermo an den Normannen Roger d'Hauteville, er heißt fortan „Graf von Sizilien“.

1130 – Roger II. wird König von Sizilien.

Die Staufer Heinrich und Friedrich

Vier Generationen, 100 Jahre, herrschten die Normannen. Der letzte von ihnen, Wilhelm II., war kinderlos, er starb 1189 mit nur 36 Jahren. Um die Nachfolge zu sichern, hatte er Konstanze, seine Tante und Tochter König Rogers II., mit dem Sohn und Erben des deutschen Kaisers Friedrich Barbarossa verheiratet.

Dies war Heinrich VI., neuer Kaiser aus dem Geschlecht der Staufer, der sein Amt antrat, als sizilianische Barone ihre Macht ausspielten, während die Normannen sich mit ihrem Verwandten aus dem Norden zankten: Richard Löwenherz kam nach Messina, um ein Erbe zu kassieren.

Da kam – und nun beginnt mit einer Legende ein wahrhaft legendäres Leben – Konstanzes Sohn Friedrich zur Welt. In einem Zelt auf dem Marktplatz von Jesi, damit jeder sehe, dass tatsächlich die schon 40-jährige Konstanze entbinde. Oder wurde ihr doch der Balg einer Metzgersgattin unterschoben? Er war zwei Jahre alt, als Heinrich die Wahl des Kleinen zum deutschen König durchsetzte, und nur ein Jahr später war der fragliche Vater tot und Friedrich II. im Amt. Die Mutter zog mit ihm nach Messina, dann nach Palermo, wo der Knabe 1198 zum König von Sizilien gekrönt wurde. Dann starb auch die Mama und verfügte im Testament – zur Überraschung aller –, dass Papst Innozenz Vormund sein solle, eine Aufgabe, die der Bischof von Palermo übernahm.

Kein Zuckerschlecken, denn das königliche Kind wurde für jeden zum Unterpfand, der Sizilien beherrschen wollte, und das wollte bald jeder, der eine Waffe zu tragen vermochte. Friedrich II. war der Schlüssel zur Macht, er wurde gehütet wie heutzutage eine Atombombe. In vielen Büchern ist beschrieben, wie der kleine Fritz ständig davonlief, sich auf den arabischen Märkten herumtrieb, schon als Zwölfjähriger in den Hurenhäusern ein- und ausging und bald besser auf Arabisch fluchen konnte als auf Latein beten. Davon ist wahrscheinlich nichts wahr, bis auf die Tatsache, dass Arabisch seine erste Sprache war – neben Deutsch, Griechisch, Latein und Französisch. Wäre er frei herumgelaufen, hätte ihn sofort eine der machthungrigen Parteien gekidnappt.

Was er dadurch lernte, war die enorme Bedeutung seiner Person, die ihn zu einem Herrscher werden ließ, der sich Gott ähnlich sah. Das half ihm bei seinen lebenslangen Händeln mit allen weltlichen und kirchlichen Mächten, die Europa bereithielt, und es half ihm, aus der Überzeugung eigener Vollkommenheit zu handeln: Er schuf in Sizilien einen fast modernen Beamtenstaat, dichtete, sang und nahm in seinen naturwissenschaftlichen Arbeiten Jahrhunderte vorweg. Sein Buch „De arte venandi cum avibus" über das Verhalten der Raubvögel war bis ins 19. Jahrhundert ein Standardwerk an europäischen Universitäten, einige der von ihm persönlich formulierten Gesetze galten ebenso legendär lang.

Selbst sein plötzliches Ende im Jahre 1250 taugte zu einer der populärsten Legenden. Niemand wollte recht an seinen Tod glauben, zu oft schon hatte der Papst mit solchen Behauptungen Gegner zum Verstummen bringen wollen. Die Legende versetzte den Kaiser nach Deutschland, in eine Höhle im Kyffhäuser, wo er angeblich auf seine Wiedereinsetzung wartete. Erst im 16. Jahrhundert und endgültig in der Romantik wurde diese Sage auf Friedrichs Großvater Barbarossa übertragen.

Ende der Blüte: Anjou und Aragon

Mit dem Tod Friedrich II. fand die Herrschaft der Staufer auf Sizilien ihr Ende. Und mehr als das: Friedrich hatte in seiner Zeit orientalische und byzantinische Elemente mit genuin sizilianischen versöhnt, hatte einen Staat und eine Gesellschaft geformt, die zum Vorreiter der Renaissance hätten werden können. Aber all dies war an seine Person gebunden, seine Söhne Konrad und Manfred konnten sich ein paar Jahre behaupten, dann schloss Papst Clemens mit dem Grafen der Provence, Karl I. von Anjou, einen Pakt zur Einnahme Siziliens. In dem folgenden Krieg im Jahre 1266 nahm Graf Anjou das Königreich Sizilien in Besitz, Manfred fiel, die Enkel Friedrichs II. wurden hingerichtet oder eingekerkert.

Damit beginnt eine lange Zeit der Fremdherrschaft, die Sizilien, das blühende reiche Land, den Kern der mediterranen Welt, die gelungene Synthese von Abend- und Morgenland, über Jahrhunderte zum Armenhaus Europas herabsinken ließ. Die französischen und spanischen Herrscher behandelten die Insel wie ihre Kolonien in Afrika und Amerika. Eine Herrscherin wie Eleonore von Aragon musste sich dafür gar nicht auf der Insel blicken lassen: Sizilien wurde regelrecht ausgeraubt, ein Zustand, den erst 1861 Garibaldi beendete, als er Sizilien aus zuletzt bourbonischer Hand befreite. □

> Ab Seite 135 finden Sie eine ausführliche Literaturliste zur Geschichte Siziliens.

Maria mit Aposteln und Heiligen: Ikonografisch ist Sizilien im 15. Jh. in Europa angekommen

1166 – Wilhelm I., genannt der Böse, strenge Regentschaft, mehrfache Aufstände.

1154 – Wilhelm II., der Gute. Ende der Normannenherrschaft.

1198–1250 – Friedrich II. ist König von Sizilien, das Geschlecht der Staufer regiert.

1266 – Karl von Anjou wird König von Sizilien; Herrschaft derer von Anjou bis 1282.

MERIAN SHOP
BESTELLEN SIE JETZT!

Süddeutsche Zeitung | Cinemathek

Film-Highlights zu kleinen Preisen!
50 großartige Regisseure, bekannte Schauspieler und überraschende Talente. Berühmte Filmklassiker, unvergessliche Kultfilme und Geheimtipps, wieder ausgewählt und vorgestellt von der SZ-Kinoredaktion. In jedem Original-SZ-DVD-Booklet zur sicheren Aufbewahrung der DVDs finden Sie ein Portrait des Regisseurs, den Originaltext eines Filmkritikers zum Film, Informationen zum Making-Of des Films sowie original Szenenbilder aus dem Film.

Die wahrscheinlich schönste DVD-Edition aller Zeiten.
Sie erhalten die ersten 50 Filme der SZ-Cinemathek in einer Lieferung für nur 343 Euro.

TOP-ANGEBOT!

MERIAN scout Alpen 2006/2007 DX
Ob Sommer, ob Winter, die Alpen gehören zu den schönsten Regionen der Welt. Mit dem MERIAN scout Alpen 2006/07 DX kommen Sie nicht nur gut und sicher durch die Berge, Sie finden darauf auch über 43.500 von der MERIAN scout-Redaktion beschriebene Reisetipps in Deutschland, Frankreich, Italien, Österreich und der Schweiz. PLUS: Tipps aus dem MERIAN guide „Winterurlaub in den Alpen". Preis: 199,00 Euro

MERIAN guide Winterurlaub in den Alpen
Für einen Winterurlaub mit Familie, Flair und Faszination. Im MERIAN guide sind 80 Urlaubsorte in den Alpen ausgewählt – alle Tipps und Freizeitangebote vor Ort auf einen Blick! Die schönsten Ziele für den entspannten Winterurlaub in Deutschland, Österreich, der Schweiz, Frankreich und Italien! 256 Seiten, 180 Fotos, Preis: 12,90 Euro

MERIAN live! Sizilien
Entdecken Sie das vielfältige Erbe der Griechen, Araber und Normannen auf einer der schönsten Inseln Europas. Mehrfach ausgezeichnet als bester Kompakt-Reiseführer: 1. Platz ITB BuchAward! Jetzt neu mit herausnehmbarer Straßenkarte zusätzlich zum Kartenatlas. Die Insel ist reich an Geschichte, Sehenswürdigkeiten und interessanten Landschaften. 128 Seiten, 60 Fotos, Preis: 9,50 Euro

MERIAN | live! | classic | guide | kompass | scout

WEITERE ANGEBOTE DER MERIAN FAMILY
WWW.MERIAN.DE/SHOP

Ungleiche Schwestern sind Lipari mit ihren schroffen Felsen und Vulcano (hinten) mit dem Krater

Vom Winde verwöhnt

Zart streichelt Windgott Aeolus die Liparischen Inseln, formt Felsen zu Schönheiten und lässt, ganz nebenbei, die besten Kapern reifen

Fotos: Raffaele Celentano

Eine Welt aus Wasser und Weite

Ausblick Schon aus weiter Ferne zu erkennen: Die Festung und die Kirche dell'Immacolata thronen über Lipari

Kontrast Schwarz von Lava sind die Strände von Salina, umso intensiver leuchten die weißen Kirchen und Häuser

Form Salina ist ein Doppelvulkan: Vom Monte Fossa delle Felci, den Berg der Farngrube, geht der Blick auf den Monte dei Porri

Heimat Der einzige äolische Ort mit engen Gassen: Lipari, die Hauptstadt

Hitze Ganz im Westen und kaum bewohnt: Alicudi brütet unter klarem Himmel

Wo der Horizont kein Ende hat

Naturgewalt Lava vergeht rasch. Wind und Wellen formen die raue Küste ständig neu

Netzwerk Salina hat eine ganz besondere Anziehungskraft. Meint Fischer Antonello Randazzo

Die sieben Zwerge

Die kleinen Isole Eolie bezaubern jeden. Besonders Salina verführt zum Bleiben

Text: Swantje Strieder

Vergiss Capri", sagt Antonello, kneift die Augen gegen die Sonne zusammen und zupft energisch an seinen verhedderten Fangnetzen herum, „da ist es ja so eng wie in einer Sardinenbüchse!" Im vergangenen Frühjahr war der Sizilianer Antonello mit seiner jungen Frau dort auf Hochzeitsreise, weil die Schwiegerfamilie es so wollte. Er war heilfroh, als er wieder auf seiner geliebten Insel Salina war. Breitbeinig steht er über seinem Boot und zeigt auf die mit Ginster, Mohn und wildem Fenchel bewachsene Küste, auf die Klippen, wo sich die Gesteinsschichten wie goldbraune Falterflügel nach links und rechts ausbreiten, und auf den schwarzen Strand, wo die Brandung kratzend und schmatzend kreisrunde Lavasteine heranwogt. Wind, Wasser, rollende Steine, der Klang von Salina.

Die wilde Schönheit gehört zu den Äolischen Inseln, Vulkane allesamt, die wie ein Siebengestirn weitab von Sizilien im Mittelmeer liegen. Jede der Inseln hat ihre Persönlichkeit: Stromboli, die mythische Feuerspuckerin, Panarea, die Mondäne, Lipari, die Geschäftstüchtige, Vulcano, die Schwefelhaltige, Alicudi und Filicudi, die einsamen Außenposten, und schließlich Salina, die Grüne mit dem duftenden mediterranen Buschbehang. Wer das Glück hat, im Morgendunst mit dem uralten weißen Fährschiff aus Neapel anzureisen, der erkennt die romantische Silhouette Salinas von weitem: Wie Aphrodite schaumgeboren liegt sie da, die Zwillingsvulkane Monte dei Porri und Monte Fossa delle Felci ragen wie zwei volle Brüste in den Morgenhimmel.

Wer einmal auf Salina gestrandet sei, behauptet Antonello, der komme so leicht nicht mehr los. Auch wenn es hier nicht viel mehr als Kapern, Fisch und klebrig süßen Malvasia-Wein, in Sommernächten viele Sternschnuppen und an Wintertagen reichlich Stürme gebe. Eine geheime Anziehungskraft sei da wohl, so wie die Sirenen einst Odysseus lockten. Jedenfalls kam seine blonde Maria Clara aus Monza im Norden Italiens an einem heißen Sommertag auf sein Fischerboot. Mit ihren Freundinnen. Nur, um zu baden. Und sie blieb.

Wobei das Schwimmen im Meer auf Salina oft eine abenteuerliche Sache ist. Denn hier gibt es nun mal keine feinen weißen Strände. Wir stehen ziemlich allein am schwarzen Kieselstreifen von Pollara, der nur nach einer Kletterpartie über die Klippen zu erreichen ist. Der beste Teil des Stran-

Handwerk Zitronen für die Küche des Hotels „Signum". Der Chef erntet selbst

des ist auch noch durch einen Zaun versperrt, weil sich einmal ein Tourist den Knöchel verstauchte und den Bürgermeister von Pollara, dem kleinsten der drei Inseldörfer, dafür verklagte.

Touristen kommen gern an diesen Strand. Denn hier, auf den grünen Klippen von Pollara, wurde 1994 „Il Postino" („Der Postmann") gedreht: die Geschichte einer Freundschaft zwischen Pablo Neruda, ins Exil nach Salina verschlagen, und dem einfachen Briefträger Mario, der dem chilenischen Dichter täglich die Post über die Steilküste heranradelt, sich das erste Mal für Poesie und Politik begeistert und die Liebe der Wirtstochter Beatrice gewinnt. Ganz Italien weinte über den Postino, vor allem, weil der wunderbare italienische Schauspieler Massimo Troisi noch einmal sein Bestes gab. Sein Tod war nur im Drehbuch vorgesehen, nicht im wahren Leben. „Ciao, amici", soll er seinen Freunden vom Set gesagt haben, „ich geh' mich mal ein bisschen ausruhen." Nur Stunden nach Beendigung der Dreharbeiten erlag der 41-jährige Troisi einem lange befürchteten Herzinfarkt.

„Der Troisi war reizend, er hatte das Zimmer da rechts oben", sagt Clara Rametta, die eloquente Besitzerin vom Hotel „Signum" im Inselort Malfa, und zeigt auf das rosa Bauernhaus mit den dunkelblauen Fensterläden und den gelb leuchtenden Zitronenbäumen davor. „Er hatte überhaupt keine Starallüren, machte kein Aufhebens von sich." Vier Wochen war das gesamte Filmset mit dem französischen Star Philippe Noiret und dem neuen italienischen Busenwunder Maria Grazia Cucinotta in Claras Hotel. Wo sonst? Es gibt kein Hilton hier, und außerdem heißt es, dass die dynamische Hoteliersfrau sowieso den ganzen Deal mit dem „Postino" eingefädelt habe. Während Michele, ihr Mann, als Küchenchef immer neue Fisch- und Kapern-Gerichte und Limonen-Nachtische kreiert, agiert Clara als grüne Aktivistin und kostenlose PR-Agentin. Vor 16 Jahren hat sie die Sagra del Cappero, das große Kapern-Erntefest, erfunden, das ein Hit zur internationalen Vermarktung der würzigen Knospen wurde. Claras neuestes Baby heißt Salina-Film, ein Festival für Dokumentarfilme, gesponsert vom italienischen Umweltministerium.

„Aber glauben Sie nur nicht, dass wir um Prominente auf Salina viel Gesums machen", sagt Clara resolut, „ob nun Isabella Rossellini bei unserem besten Eismacher Alfredo in Lingua eine Limonen-Granita schlürft oder das belgische Königspaar durch den

Lebendige Stadt Lautstark und geschäftig: Lipari ist Zentrum der ruhigen Inselwelt

Stille See Klein die Insel, klein die Boote: Alicudis winziger Hafen

Hafen bummelt, hier bleiben alle nett, aber normal." Noch geht das Leben auf der grünen Insel seinen beschaulichen Gang, wird von Lust, Laune und Langsamkeit bestimmt.

Der Tag richtet sich nach der stets verspäteten Ankunft und den stets spannenden Anlegemanövern der bulligen alten Fähren aus Neapel, während die wendigen kleinen Tragflügelboote wie Delfine zwischen den Inseln hin- und hersausen. Es sei denn, die See wird rau, dann bekommen die Schulkinder „windfrei": „Was haben wir früher um schlechtes Wetter gebetet", sagt Luca, Claras Sohn und Hotelchef, „da konnte uns das Tragflügelboot nicht aufs Gymnasium nach Lipari bringen."

So richtig hat der Tag auf Salina erst begonnen, wenn Inselpolizist Santino Rosello, 57, in seiner himmelblauen Uniform munter zum Hafen von Santa Marina schreitet, um wieder einmal für die nicht vorhandene italienische Verkehrsordnung zu sorgen oder paar Strafzettel an die Falschparker zu verteilen. Sind die reuig, schiebt er meist nur die Dienstmütze kokett in den Nacken und drückt ein oder beide blauen Augen zu – seine Art von Salina-Werbung. Da Santino aber nicht nur der nette Insel-Bulle, sondern auch leidenschaftlicher Bauer ist, der abends seine eigenen Zitronen-Mandarinen-Marmeladen einkocht und köstliche Gemüse-Antipasti einlegt, erzählt er den Touristen gern alles über die unscheinbaren graugrünen Knospen, die doch das Gold von Salina seien: die Kapern. „Wussten Sie, Signora, dass die französische Kosmetikindustrie Kapern bereits als Anti-Aging-Produkt testet?", sagt Santino bei einem Espresso in der Cambusa am Hafen, „nicht diese billigen Dinger aus Marokko, nein, nur unsere Salina-Kapern, denn die sind die besten!"

„Salina wäre nicht das alte Salina geblieben, wenn wir nicht rechtzeitig in den siebziger Jahren die Bauhaie und die mafiösen Investoren vom Festland gestoppt hätten", sagt Riccardo Gullo. In den 14 Jahren als Bürgermeister in Santa Marina de Salina hat er dafür gesorgt, dass die ausrangierten Kühlschränke und Autoreifen nicht mehr, wie anderswo in Italien, die Klippen zieren und die geharnischte Bauordnung nur kubisch geformte Häuschen im Inselstil mit der typischen Drei-Säulen-Terrasse erlaubt. Und dass wieder Tausende von Singvögeln zwitschern und Königsfalken über die Vulkanabhänge streifen. Weite Teile der 27 Quadratkilometer großen Insel sind nämlich Naturschutzgebiet. Striktes Jagdverbot und feste Schranken am Reservatseingang, für die der Wildhüter einen Schlüssel hat. „Wir haben 13 Wanderwege auf und um die Vulkane geschaffen", sagt der Ex-Bürgermeister stolz.

Heute ist der Lokalpolitiker Direktor des Archäologischen Museums auf der Nachbarinsel Lipari. Hier auf der Hauptinsel Lipari, meint Riccardo Gullo, gebe es allerdings ökologischen Nachholbedarf. Von seinem Bürofenster im Museum auf dem Burgberg von Lipari-Stadt hat er einen imposanten Ausblick – auf die Klippen beim Stadtpark, die voller Plastik, Müll, Cola-Dosen und Präservative hängen.

Lipari ist die größte und geschäftigste der Äolischen Inseln, mit 11 000 Einwohnern in der Vor- und Nachsaison – im Hochsommer, wenn ganz Italien hier Urlaub macht, wird das Trinkwasser knapp und soll für angeblich 230 000 Touristen und die Einheimischen reichen. Im Ort Lipari summt und brummt es wie in jeder süditalienischen Hafenstadt, es gibt großes Geschrei an der Marina corta, wenn die Fischer frühmorgens ihren *pesce spada,* Schwertfisch, anlanden. Hier gibt es das Inselhospital, wo die meisten äolischen Babys zur Welt kommen, das Gymnasium für die Inselhopper-Schüler und die Kathedrale San Bartolo-

Hohe Kunst Auf Alicudis Gipfel malt Marco Tagliaro ein Bild. 2009 will er fertig sein

meo, weshalb hier auffällig viele Jungen Bartolomeo oder Bartolo heißen.

Für Gourmets gibt es zwei erstklassige Restaurants, das „Filippino" und das „La Nassa". Die Ragazzi aus Rom oder Mailand finden Lipari hip, weil sie im metallicblauen Cabriolet um die Insel düsen können, wegen der Discos und der Strände – die gibt's sogar in Black and White! Denn Lipari ist bekannt für seinen Bimsstein-Tagebau. Der macht zwar Staub und Narben in der grünen Landschaft, aber er färbt den Strand hell wie eine Wasserstoffblondine und das Mittelmeer türkis-karibikblau.

Wem der Trubel auf Lipari zu viel wird, der kann seine Sehnsucht nach Abgeschiedenheit auf Alicudi, der kleinsten Äolischen Insel stillen, anderthalb Stunden mit dem Tragflügelboot entfernt. Auf der Nachbarinsel Filicudi gibt es eine einzige Straße, aber auf Alicudi nichts als Steintreppen. Keine Vespas, kein Auto, nur ein paar Lastenesel, die elegant die steilen Stufen meistern.

Wie in einem griechischen Amphitheater schmiegen sich die weißen Häuser in die Vulkanmulde. 102 Menchen leben hier, einer von ihnen ist Marco Tagliaro, der Künstler mit Strohhut und Ziegenledersandalen. Der Höhlenmaler, wie sie ihn hier nennen, denn seit gut sechs Jahren hockt der 65-Jährige vor seiner Staffellei in einer halboffenen Grotte mit Blick aufs Meer und malt und malt an ein und demselben Bild. „Der Beginn der Menschheit", heißt das Opus magnum. Marco guckt sonnig über seine Leinwand, dann schüttelt er seine grauen Leonardo-da-Vinci-Locken. „Schau mal", sagt er und holt Skizzen von den drei wunderschönen Menschen, die sich um eine flachen Korb gruppieren, „in meiner Höhle müssen doch noch die Steinzeitmenschen sitzen, aber ich kann mich nicht entscheiden, ob der Mann in der Mitte oder außen hockt, oder die junge Frau in die Mitte kommt ..."

Dann greift der Künstler wieder zum Pinsel und malt einen feinen Strich nach dem anderen. So etwa zehn Striche an einem Morgen. Und ich sitze neben ihm in der Grotte, schaue aufs Meer und fühle mich so leicht und heiter wie die ersten Menschen. Völlig ohne Zeit und Raum. □

Swantje Strieder *verbringt jedes Jahr mindestens eine Woche auf Salina. Sie schrieb auch über Palermo.*
Raffaele Celentano, *freier italienischer Fotograf aus München, empfindet die Inseln als seine zweite Heimat.*

MERIAN | TIPP Salina

Signum
Reizvolle Vier-Sterne-Anlage mit kleinen Häuschen, großem Pool, Zitronengarten, beste Inselküche.
Malfa, Via Scalo 15
Tel. 090-984 42 22
Fax 090-984 41 02
www.hotelsignum.it
DZ 110-320 Euro

Mamma Santina
Mittelklasse-Hotel im schlichten Inselstil mit Terrasse, Garten und kleinem Pool.
S. Marina, Via Sanità 40
(Ecke Via Risorgimento)
Tel. 090-984 30 54
Fax 090-984 30 51, www.mamma santina.it, DZ 110-210 €

La Cambusa
Pina, die alte Wirtin, hat's im Knie, aber Assunta, ihre Tochter, führt das beliebte Café und die Trattoria mit der großen Terrasse wunderbar weiter.
S. Marina, am Hafen
Tel. 090-984 31 40

Da Alfredo
Seit 1968 macht der alte Alfredo die beste Granita, Fruchtsorbet, der Insel.
Lingua, Piazza Garibaldi
Tel. 090-984 30 75

Alle Adressen auf Salina (G 1)
>> Weitere Infos finden Sie ab Seite 111

Perlen im Meer

Ein ganzer Schwarm von Inseln umspielt Sizilien. Völlig unterschiedlich in Größe, Geologie und Gastlichkeit, sind sie doch alle einen Ausflug wert

ÄOLISCHE / LIPARISCHE INSELN ISOLE LIPARI

Alicudi

Größe: ca. 5,2 km²
Einwohner: ca. 100
Entfernung: ca. 60 km vom Fährhafen Cefalù.
Interessant: Alicudi ist die westlichste der sieben Äolischen Inseln und wie der gesamte Archipel vulkanischen Ursprungs. Seit 2000 gehört die Inselgruppe aufgrund ihrer wichtigen Rolle für Vulkanologie und Geologie zum UNESCO-Weltnaturerbe. Alicudi, die „Insel der Eremiten", zählt nur wenige Einwohner, die vor allem auf der Südostseite der Insel leben. Dort befinden sich auch der Hafen und das kleine Dorfzentrum. Straßennetz, Straßenbeleuchtung und motorisierte Fahrzeuge fehlen gänzlich. Dafür hat man nachts einen phantastischen Blick auf den Sternenhimmel.

Filicudi

Größe: ca. 9,5 km²
Einwohner: ca. 245
Entfernung: ca. 70 km vom Fährhafen Milazzo. **Interessant:** Vom höchsten Punkt der mit Blumen und Kräutern bewachsenen Insel, dem inaktiven Vulkankegel Fossa delle Felci (773 m.ü.M.), bietet sich ein Panoramablick über den Äolischen Archipel und Sizilien. Geschichtsinteressierte finden auf der Halbinsel Capo Graziano Ausgrabungen einer prähistorischen Siedlung. Die fischreiche Küste um Filicudi ist ideal für Schnorchel- und Tauchausflüge; natürliche Grotten machen den Tauchgang zum Erlebnis.

Lipari

Größe: ca. 38 km²
Einwohner: ca. 11000
Entfernung: ca. 35 km von Milazzo. **Interessant:** Lipari hat mehr zu bieten als wunderschöne Buchten und Strände. Zum Beispiel architektonische Sehenswürdigkeiten wie die spanische Festung aus dem 16. Jh. oder römische Thermalbäder. Großes Fischangebot in den Lokalen, dazu ein Gläschen Malvasia-Wein.

Panarea

Größe: ca. 3,4 km²
Einwohner: ca. 270
Entfernung: ca. 50 km von Milazzo. **Interessant:** Auf Panarea trifft sich die reiche Oberschicht; entsprechend hoch sind die Preise auf der Insel. Während der östliche Teil relativ dicht besiedelt ist, bietet sich der naturbelassenere westliche für Trekkingtouren an. Für eine Abkühlung im Meer muss man in ein Boot steigen, da die meisten Badestrände nicht über den Landweg erreichbar sind.

Vulcano

Größe: ca. 21 km²
Einwohner: ca. 470
Entfernung: ca. 30 km von Milazzo. **Interessant:** Vulcano ist, wie der Name vermuten lässt, ein noch aktiver Vulkan, der 1888 seinen letzten großen Ausbruch hatte. Nach dem Vorbild der Griechen und Römer baden heute noch viele Besucher in den mineralhaltigen vulkanischen Thermen, um deren heilende Kraft auf sich wirken zu lassen.

Inseln Salina und Stromboli s. S. 93 und 101

ÄGADISCHE INSELN ISOLE EGADI

Favignana

Größe: ca. 19 km²
Einwohner: ca. 4300
Entfernung: ca. 16 km vom Fährhafen Trapani.
Interessant: Favignana ist eine der drei unter Naturschutz stehenden Ägadischen Inseln und lockt mit türkisblauem Wasser vor charmanten Stränden. Der traditionelle Tunfischfang, ursprünglich ein archaisches Gemetzel, wird heute nur noch für Touristen veranstaltet.

Levanzo

Größe: ca. 5,8 km²
Einwohner: ca. 200
Entfernung: ca. 14 km von Trapani **Interessant:** Auf der Westseite der kleinsten Insel des Ägadischen Archipels befindet sich die Grotta del Genovese mit Höhlenmalereien aus dem 10. Jahrtausend v. Chr., die die Ureinwohner bei Jagd und Fischfang zeigen. Die reiche Flora und Fauna lädt zu ausgiebigen Wanderungen ein.

Marettimo

Größe: ca. 12 km
Einwohner: ca. 800
Entfernung: ca. 37 km von Trapani. **Interessant:** Marettimo ist die entlegenste Insel des Ägadischen Archipels, ihr höchster Berg ist der 686 m hohe Monte Falcone. Die eigentliche Attraktion Marettimos sind jedoch die zahlreichen Grotten, in denen das Zusammenspiel der türkisblauen Farbe des Meerwassers und einfallendem Sonnenlicht eine märchenhafte Atmosphäre schafft. Besonders schön ist die Grotte Perciata mit ihren vielen Stalaktiten und Stalagmiten.

PELAGISCHE INSELN ISOLE PELAGIE

Lampedusa

Größe: ca. 20 km²
Einwohner: ca. 5000
Entfernung: ca. 220 km vom Fährhafen Agrigent.
Interessant: Lampedusa ist eine Insel des Pelagischen Archipels, der den südlichsten Punkt Italiens bildet, geologisch aber zum afrikanischen Kontinent gehört. Mit ein wenig Glück lassen sich im Naturschutzgebiet an der Südküste Lampedusas die vom Aussterben bedrohten Karettschildkröten beobachten. Auch Wale wurden schon vor den Küsten der Insel gesichtet.

Linosa

Größe: ca. 5,4 km²
Einwohner: ca. 500
Entfernung: ca. 160 km von Agrigent. **Interessant:** Linosa, der einzige Ort der gleichnamigen Insel mit seinen pastellfarbenen Fischerhäusern, liegt an der Südküste beim Porto Vecchio. Sehr gute Möglichkeiten für Taucher dank des kristallklaren Wassers und der reichen Meeresfauna.

Lampione

Größe: ca. 1,2 km²
Einwohner: keine
Entfernung: ca. 230 km von Agrigent. **Interessant:** Lampione ist unbewohnt, einzig ein kleiner Leuchtturm wurde auf der Insel errichtet. Die Naturbelassenheit des Eilands und die zahlreichen dort

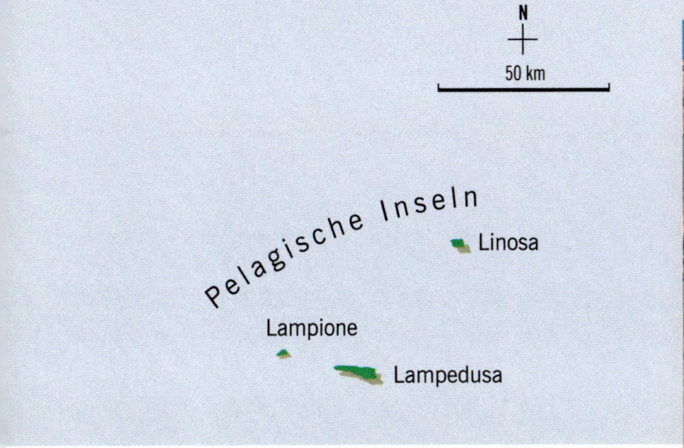

Heilende Pampe: Körperpflege in den Thermalquellen von Vulcano

vorkommenden Vogelarten ziehen vor allem Naturfreunde und Wissenschaftler an.

Isolierte Inseln

Mozia/San Pantaleo

Größe: ca. 4,5 km²
Einwohner: keine
Entfernung: ca. 6 km vom Fährhafen Marsala.
Interessant: San Pantaleo, wie die heute unbewohnte Insel auch genannt wird, beherbergt eine archäologische Seltenheit: Reste aus karthagischer Zeit. Teile einer Stadtmauer, Bastionen, Türme und Tempel der aus Nordafrika herübergekommenen Punier.

Pantelleria

Größe: ca. 83 km²
Einwohner: ca. 8000
Entfernung: 53 km vom Fährhafen Trapani oder ca. 146 km von Agrigent, ca. 105 km von Mazara del Vallo, ca. 115 km von Marsala.
Interessant: Pantelleria ist vulkanischen Ursprungs; auf der Insel kann man in zahlreichen Thermalquellen baden und die traditionellen aus Lavagestein erbauten Dammusi-Häuser der Urweinwohner besichtigen. Zu den Spezialitäten Pantellerias gehören luftgetrocknete Feigen und der süße, likörartige Strohwein.

Ustica

Größe: ca. 8,1 km²
Einwohner: ca. 1300
Entfernung: ca. 60 km vom Fährhafen Palermo.
Interessant: Auf der vulkanischen Insel gedeihen Zitrusfrüchte, Oliven und Getreide. Die unter Naturschutz stehende fischreiche Küste macht Ustica auch zu einem sehr beliebten Ziel für Taucher. Zu den bedeutendsten historischen Bauwerken gehören die Torre di Santa Maria. Diese bourbonischen Wachttürme aus dem 17. Jahrhundert sind heute Sitz des Archäologischen Museums. ☐

Foto: G. Simeone

Der ständig aktive Stromboli lockt viele Forscher und Besucher an. Dennoch ist die

Ein Mann und sein Berg

Der Stromboli war für den deutschen Dichter Armin T. Wegner ein „heiliger Ort". 1964 besteigt er ihn ein letztes Mal. Er beschreibt einen Aufstieg zu tiefen Empfindungen

Der vor den Nazis geflohene Wegner fand auf Stromboli ein letztes Refugium

Schon am Morgen, als ich aufstand, war ich in festlicher Stimmung. Ich bereitete mich vor, als ginge ich zu einer Hochzeit. Und das war es auch, als ich aufbrach, mich zum wievielten Mal mit der Ewigkeit zu vermählen. Ich schabte mir die Bartstoppeln ab, ich kleidete mich mit besonderer Sorgfalt an und machte mich schön, um würdig vor dem Geist des Berges und des Feuers zu erscheinen. Ich packte meinen kleinen Ranzen, tat meine Luftmatratze hinein, die doppelwandige Flasche mit heißem Tee, Obst und Fruchtsäfte, Vitamin- und Kopfschmerzpillen sowie Salbe gegen Verkrampfungen, und nachdem ich mich noch einmal gestärkt hatte, brach ich um zwölf Uhr mittags auf.

Es war ein heller, heißer, fast windstiller Tag. Der Berg ragte klar und scharf in den reinen Himmel, und der Rauch, der weiß und ruhig aus dem Krater wie aus einem Kamin eines Bauernhauses stieg, bildete die einzige Wolke in der Luft. In meinem Tiroler Berganzug, den ich, der Nachtkälte auf der Höhe gewiss, angelegt hatte, unter der um die Hüften geschlungenen Jacke und meiner türkischen Sonnenkappe wurde mir unter dem strahlenden Sonnenlicht bald heiß, obwohl der Ranzen auf dem Rücken mir weniger zu schaffen machte, als ich befürchtet hatte. Trotzdem schritt ich rasch aus. Nach einer reichlichen Stunde machte ich in etwa 500 Meter Höhe halt, um die kühlenden Nachmittagsstunden abzuwarten. Etwa 20 Meter oberhalb des gepflasterten Weges blies ich meine Matratze auf und legte mich in einer Erdmulde zwischen dem niedrigen Buschwerk zur Ruhe nieder. Vor mir glänzten unter dem von der Hitze dunstigen Himmel das blau schimmernde Meer und die Zweige, die Felsennadel des Strombolicchio war zu einem schwarzen Fleck zusammengeschrumpft, und die weißen Häuser des Kirchspiels von S. Bartolo wirkten von dieser Höhe so winzig wie ein Dorf, das ein Kind aus seinen Bauklötzen aufbaut. Ich streckte mich aus, ich blickte vor mich hin, ich träumte und ruhte mich aus. Eidechsen, denen ich auf dem ganzen Wege begegnet war, besuchten mich auch hier. Braune Schmetterlinge, die Flügel mit weißen und schwarzen Flecken betupft, flatterten vorbei, die Gräser flüsterten.

Früher wuchs auf Stromboli bester Wein, heute wuchert Macchia über die schwarze Lava

Nach einer halben Stunde vernahm ich den dumpfen Aufschlag von Füßen, und bald darauf erschien an der Wegbiegung nur mit einem kurzen Höschen bekleidet, mit nacktem, krebsroten Oberleib, barhäuptig und in mächtigen schweren Schuhen ein junger Engländer. Man konnte sagen, dass er eigentlich mit nichts anderem als diesen wunderbaren riesenhaften Schuhen bekleidet war. „Ah, you are in order", meinte er erleichtert, als ich ihm erklärte, dass ich mich nur hierher gelegt hatte, um auszuruhen. Wir plauderten eine Weile miteinander, worauf er seinen Weg fortsetzte, während ich mich weiter meinen Träumen überließ. Um drei Uhr am Nachmittag brach ich auf, nachdem ich mich an meinen Vorräten erfrischt und so zugleich meinen Ranzen erleichtert hatte.

Nun begann der schwerste Teil des Weges, der steile Anstieg zur Höhe. Er führt, unablässig bergan klimmend, über wildes Geröll und nackte Felsen. Eine große Regenflut hatte ihn teilweise so zerstört, dass ich den Weg eine Strecke lang verlor und auf allen vieren mich an den scharfen Steinkanten festhaltend und mit den Füßen in Aschestaub versinkend, bergauf klettern musste, wobei ich mir die rechte Hand blutig riss. Nach einiger Zeit fand ich den Weg wieder. Nun ging es leichter. Wegen der unaufhörlichen Steigung nahm ich mir Zeit, machte öfters halt, um mich nicht zu überanstrengen. Trotz meiner bald 78 Jahre ließ mich das Herz nicht im Stich, ich hatte keinerlei Atembeschwerden, wenn ich auch das Maß meiner Schritte gegen früher zügeln muss.

Als ich an jene Stelle kam, wo man sich der Öffnung des Kraters auf gleicher Höhe zum erstenmal unmittelbar gegenübersieht, rastete ich eine halbe Stunde. Wieder flatterte ein buntbrauner Schmetterling an mir vorbei, ließ sich in der milden Sonne nicht weit von mir auf einem Stein nieder und faltete sanft seine zarten Flügel aneinander. Unter mir sah ich einen Jüngling und ein Mädchen mühsam den steilen Berg hinaufkeuchen. Als sie mich erreichten, lernte ich in ihnen ein junges deutsches Paar aus Nürnberg kennen, eine junge Ehe, er Ingenieur, ein kluger, bedachtsamer Mann, sie flachsblond, lebhaft und etwas ängstlich, eine Wassernymphe aus dem deutschen Wald, mit so glitzernden blauen Augensternen, als hätte sie sich zwei Spiegelstückchen hinter die Lider gesteckt, so dass es einen beim Hineinsehen blendete. Sie waren etwas erschöpft und schienen wenig Lust zu verspüren weiterzugehen. So machte ich mich allein weiter auf den Weg zur letzten Höhe. Der Pfad, auf dem man über den spitzen Rücken der Felsen wie auf einem Messer entlang läuft, stieg noch immer bergan, doch war er gänzlich ungefährlich und trotz der nicht sehr tiefen staubigen Asche leicht gangbar. Nach dem steilen Anstieg kommt einem der Weg darauf wie ein Spaziergang vor. Kurz vor der letzten Höhe eilten mir die beiden mächtigen dröhnenden Schuhe mit dem Engländer darüber wieder entgegen. Er wollte vor Dunkelheit wieder im Tal sein.

Noch eine Wendung, dann brach der Weg ab. Ich hatte die Höhe erreicht. Ich war allein. Es war sechs Uhr abends und der Berg, das Meer, die Welt lagen im milden Glanz der sinkenden Sonne unter mir. Zu meinen Füßen öffnete sich der Abgrund, in dessen Tiefe ich unmittelbar in den Schlund des Kraters hineinblicken konnte. Aber das war es nicht allein, was mich bewegte. Es war die ganze wunderbare in Wasser und Wind versunkene Welt, in die ich sah. Noch war es hell, und ich konnte nach allen Seiten das Meer rings um die Insel liegen sehen, da aber der Gesichtskreis ganz in Dunst gehüllt wurde, waren Meer und Himmel nicht zu unterscheiden. Es war, als begänne der Himmel unmittelbar unten an dem diamantschwarzen Strand der Insel, um sich in einer einzigen Krümmung über mir in undenkbarer Höhe zu einer einzigen gewaltigen Glocke zusammenzufalten, in deren Mitte ich von der Bergspitze wie von einer kühnen und festen Hand in die Lüfte gehoben wie auf einer Kanzel stand.

Ich begriff, dass es ein heiliger, schon nicht mehr irdischer Ort war, an dem ich mich befand, wo ringsum das Licht der Welt erstrahlte und geheimnisvoll wie der Gral das im Munde der Erde schlafende Feuer glomm. Konnte ich auf dieser Erdkanzel sprechen? Zu wem? Und mit welcher Stimme? Ich blieb stumm. Ich schwieg, und die Stille antwortete mir mit ihrem singenden Echo, ja dieses Schweigen war wie ein Schrei, der von Ewigkeit zu Ewigkeit zu tragen und zu dauern schien, hier, wo Berghalden, Felsen und Meer noch im Dämmer der Jahrtausende lagen.

Von Zeit zu Zeit stieß der grollende Krater unter mir sein Fauchen aus. Solang es Tag war, stieg dann eine weiße Wolkensäule vor mir in die Luft, die sich erst mit der sich verdichtenden Nacht in eine Feuersäule verwandelte. War es nicht eine solche Wolkensäule, in der nach der biblischen Geschichte Gott bei Tag, war es nicht eine solche Feuersäule, in der verborgen Gott bei Nacht vor dem Volke Israel durch die Wüste wanderte? Der Mensch ist stets zur Andacht alles Wunderbaren und Rätselvollen bereit. Auch mich verlangte es danach. Aber ich kniete nicht nieder im Anblick der Größe dieses Alls, das hier das Fest des Lebens vor mir ausbreitete. Aufrecht stand ich ihm gegenüber, furchtlos in sein Angesicht blickend. Kein schlimmeres Unrecht konnte es mir antun, als mir je durch Menschen geschah. Hier schien alles rein, war nichts von den Schmerzen der beleidigten Welt. Der Daseinskampf, der sich hier vor mir abspielte, war vielleicht noch unerbittlicher, aber auch erhobener.

Das Ringen zwischen Licht und Finsternis hatte begonnen. Noch stand die Sonne, ein rot glühendes Loch, am Erdrand. Jetzt verschwand sie, aber die Dämmerung, die im Süden so viel rascher als bei uns über das Land fällt, währte hier oben länger. Das Licht zerfloss nach beiden Seiten in gelbe und goldgelbe Streifen, die von dieser Höhe aus lange sichtbar blieben. Inzwischen waren die beiden jungen Menschen, denen ich zuletzt begegnet war, mir auf die Höhe gefolgt. Von Bewunderung und Schrecken hin und her gerissen, blickte die mädchenhafte Frau staunend in den brodelnden und rauschenden Krater hinab. Sich mit beiden Händen auf den Boden stützend, als wollte sie sich daran festhalten, flüsterte sie furchterfüllt, ein über das andere Mal vor sich hin: „Das ist ja unwahrscheinlich! Unwahrscheinlich ist das!" Wie seltsam, dass den Menschen oft gerade die Wahrheit unwahrscheinlich dünkt. Verrät dies nicht, dass sie in falschen Vorstellungen leben?

Eine Weile entfernte ich mich von den beiden und kehrte zu ihnen zurück. Auch sie waren von der Größe und Andacht dieser Stille verstummt. Im Süden blühte über dem matt schimmernden Meer der junge Mond in der Dunkelheit auf, eine weiße Narzisse. Langsam gingen über dem Meer in der brombeerfarbenen Nacht die Sterne auf. Schon während des Aufstiegs hatte ich die Empfindung, dass der Berg unaufhörlich unter mir wuchs; nun schien es, als reckte er sich noch höher, um uns mitten in die Sterne hineinzutragen. Sie strahlten so zahlreich und hell, dass alle bekannten Sternbilder darin versanken, so nahe, als könnten wir sie mit den Augen pflücken, wie mit der Hand Blumen auf einer Wiese.

In dieser Dunkelheit entfaltete der feuerspeiende Krater sein urweltliches Spiel von schauerlicher Schönheit. Von der Bergspitze blickt man bis tief in die große Mulde hinein, in der sich die neun Mündungen befinden, von denen in dieser Nacht zwei Schlunde abwechselten, uns ihre Künste zu zeigen. Der westliche verhielt sich sanfter und ging mehr in die Breite, während der nördliche mit schrillem Laut steil und röhrend in die Höhe schoss, wie aus dem Hals einer Flöte geblasen. Wir schauten und lauschten lange und konnten nicht satt werden vor diesem Anblick, wir drei auf der Spitze des Berges wie auf einem winzigen Boot im Weltmeer, verloren in der Ewigkeit und doch festgebannt auf unserer kleinen Insel.

Der Text stammt aus einem Brief Wegners an seinen Sohn, der ihn MERIAN zur Erstveröffentlichung zur Verfügung stellte.

Die Welt im Blick

In Deutschland vergessen, in Armenien und Israel geehrt: der Dichter Armin T. Wegner

Text: Roland Benn

An einem Nachmittag Ende der fünfziger Jahre steht auf Stromboli ein Mann, in ein arabisches Hirtengewand gekleidet, den Blick auf die See gerichtet. Von hoher Warte deklamiert er Gedichte, auf Deutsch, seiner geliebten Muttersprache. Das muss seltsam gewirkt haben auf dieser von Menschen fast verlassenen Insel, aber der Mann meint es ernst: Er steht auf auf der Brüstung einer alten Mühle und will, nachdem er einen Sohn gezeugt und manchen Baum gepflanzt hat, nun, mit über 70 Jahren, noch ein Haus bauen.

Die Gedichte, die er in den Wind spricht, sind von ihm verfasst. Wegner blickt auf ein großes Werk zurück, das eines Literaten, der Reisen in alle Welten des Ausdrucks unternahm, wie er auch Reisen in alle Länder unternommen hatte, die ihn reizten. Den Nil hinauf, in die Türkei, ins Fremde. Ein bekannter, ein erfolgreicher Schriftsteller, dessen Romane und Reisebücher hohe Auflagen hatten, dessen Theaterstücke am Ku'damm in Berlin gespielt wurden, der im Kreis der Expressionisten zu den Mitbegründern moderner Großstadtliteratur gehörte.

Nun stand er auf Stromboli, hatte Frau und Kind in Positano gelassen und auf der Vulkaninsel die alte Mühle gekauft. Eine Ruine, eine von vielen auf dieser einst reichen Insel, die vom Seehandel zwischen Neapel und Sizilien gelebt hatte und dem fruchtbaren Boden alles abgewann, was der Mensch zum Leben braucht und dazu noch einen wunderbaren Wein. Der Ausbau der Eisenbahn auf dem Festland zum Gütertransport und der Ausbruch des Berges 1930 hatten den Bewohnern die Grundlage genommen, sie wanderten aus, von den 2000 Strombolanern der Jahrhundertwende waren noch 200 übrig, die sich vom Fischfang ernährten, in einer harten, aussichtslosen Welt, wie Roberto Rossellini sie 1950 in seinem Film „Stromboli" gezeigt hat. Niemand wollte hierher. Nur Wegner.

Er war einer der ersten Ausländer, die sich hier einkauften, am Fuße des feuerspeienden Berges wollte er sein Werk weiterführen und vollenden.

1933, 25 Jahre zuvor, hatte er seinen für lange Zeit letzten Text geschrieben: einen Brief an Adolf Hitler, in dem er – in grenzenloser Naivität – den Herrn Reichskanzler aufforderte, die Drangsalierungen der jüdischen Mitbürger zu unterbinden, um „die Würde des deutschen Volkes" zu wahren.

Er wurde kurz darauf verhaftet, und was nun geschah, war der Beginn seiner Brechung: Durch Gefängnisse und Konzentrationslager wurde er geschleift, wurde geprügelt, immer wieder. Wegner glaubte sein Leben lang, dies sei Folge jenes Briefes. Verhaftet wurde der Dichter wohl aus anderem Grund: Sein Nachbar, der Weltkriegsgeneral Litzmann, hatte ihn denunziert. Der Pazifist Wegner war ihm schon lange ein Dorn im Auge.

Wegner war Pazifist, weil seine frauenrechtlich engagierte Mutter es ihm beigebracht hatte, zum Missfallen des preußisch verbeamteten Vaters, und er war es, weil er nicht anders konnte: Wegner war Zeuge des ersten der vielen Genozide des 20. Jahrhunderts, der Vertreibung und Ermordung von anderthalb Millionen Armeniern 1915/16 in der Türkei. Armin Wegner hatte als Sanitätssoldat den Völkermord erlebt und verbotenerweise fotografiert. Ohne helfen zu können, sah er Frauen und Kinder, geprügelt und zum Sterben in die Wüste getrieben. Er sah Zehntausende elend verrecken, und jeder dieser Toten war eine tiefe Wunde für ihn. Er schrieb auch seiner Mutter: vom Elend und von den Verbrechen der mit Deutschland verbündeten türkischen Soldaten. Der Brief wurde abgefangen und Wegner strafversetzt, in das Typhus- und Choleralager des damals türkischen Bagdad. Ein Todeskommando. Ohne jede medizinische Versorgung rotzten sich hier die Infizierten die Seele aus dem Leib,

MERIAN | INFO Armin T. Wegner: Biografie und Bibliografie

1886 geboren in Elberfeld als Sohn eines Bahnbeamten
1909-14 Jurastudium
1915 Mitglied der Deutsch-Ottomanischen Sanitätsmission in Kleinasien
1916 Zwangsversetzung in die Cholerabaracken
1917 Rückkehr nach Breslau. „Das Antlitz der Städte" (Lyrik)
1918 Redakteur bei „Der neue Orient". Bei der Novemberrevolution im „Politischen Rat geistiger Arbeiter"
1919 Mitbegründer des „Bundes der Kriegsdienstgegner". Brief an US-Präsident Wilson. „Der Weg ohne Heimkehr"
1920 „Der neue Orient" und sein Buchverlag beenden die Zusammenarbeit wegen Wegners politischen Engagements. Eheschließung mit der Dichterin Lola Landau
1921 „Der Knabe Hüssein" (türkische Novellen)
1924 „Die Straße mit den tausend Zielen" (Gedichte)
1926 „Wazif und Akif oder Die Frau mit den zwei Ehemännern" (Komödie, gemeinsam mit Lola Landau)
1927/28 Reisen in die Sowjetunion und nach Persien
1929 Reise mit Lola Landau nach Palästina. Roman „Moni oder Die Welt von unten"
1930 „Fünf Finger über Dir". „Am Kreuzweg der Welten" (Reisebuch; 200 000 verkaufte Exemplare)
1931 „Treibeis" (Hörspiel, gemeinsam mit Lola Landau)
1932 „Maschinen im Märchenland – Tausend Kilometer durch die mesopotamische Wüste"
1933 Brief an Hitler. Festnahme. Haft in KZ Oranienburg, Lichtenburg u. a.
1934 Entlassung dank der Hilfe britischer Quäker, danach Aufenthalt in England
1935/36 Lola Landau geht nach Palästina, Wegner ins italienische Positano
1939/40 Scheidung. Verbindung mit Irene Kowaliska
1941-43 Lektor für deutsche Literatur, Universität Padua
1947 Der deutsche Schriftstellerkongress ehrt den „im Exil verstorbenen" Wegner
1956 Verleihung des Bundesverdienstkreuzes in Neapel
1967 Ehrung als „Gerechter der Völker" in Yad Vashem (Jerusalem)
1968 Verleihung des höchsten armenischen Ordens. „Fällst Du, umarme auch die Erde" (Prosa, Lyrik, Dokumente)
1976 „Odyssee der Seele" (Werkauswahl; als einziges Buch derzeit im Handel erhältlich: Peter-Hammer-Verlag, Reprint 2001, 16,90 €)
1978 Wegner stirbt in Rom

WEGNERS MÜHLE
Die alte Mühle auf einem Felsvorsprung dominiert den Ortsteil Piscità. Von Ostern bis Ende Oktober kann man dort wohnen. Das hinter der Mühle gelegene „Cavaliershaus" wird zurzeit ausgebaut. Mehrere geräumige Zimmer mit Terrasse stehen zur Verfügung, außerdem eine große Vorterrasse. Kontakt (italienisch, englisch, deutsch):
Laura und Mischa Wegner Stromboli, Loc. Piscità, Casa Mulino, Tel. 090 98 67 01 michele.wegner@gmail.com

„Turm der sieben Winde“ nannte Wegner seinen Zufluchtsort, der 200 Jahre zwischen den Lavafelsen als Windmühle gedient hatte

wer sich um sie kümmerte, musste sich anstecken und alsbald zu ihnen legen. Wegner bekam die Cholera und begrub mit letzter Kraft die Menschen, mit denen er noch gestern bei Tische gesessen hatte. Aber wie durch ein Wunder überlebte er, kroch, „ein an Leiden Erblindeter“, durch die staubigen Straßen der Stadt, bis er die Bagdadbahn erreichte. Nach Deutschland zurück – wieder vorbei an den Leichenbergen der Armenier.

Wieder in Deutschland, schrieb Wegner einen offenen Brief an den US-Päsidenten Woodrow Wilson, der unbeantwortet blieb, er schrieb das Schicksal der Menschen auf, in Gedichten, in Erzählungen, und nach dem Krieg begann er den Weg des armenischen Volkes in einem Roman zu verarbeiten. Seine Erlebnisse haben Wegner bis zum letzten Atemzug bewegt und geprägt. Die Bilder der Geschundenen verließen ihn nie, sie kehrten in seiner expressionistischen Lyrik ebenso wieder wie in seinen späten Gedichten, in denen der Romantiker immer deutlicher wird.

Als er 1933 verhaftet wurde, stand sein Roman „Die Austreibung“ über das Schicksal der Armenier vor der Vollendung. Kurz danach erschien Franz Werfels „Die vierzig Tage des Musa Dagh“ zum gleichen Thema. Ein Welterfolg, wie Wegner von Positano aus verfolgen konnte. Nach der Entlassung aus dem KZ war er über England und Palästina nach Italien gegangen.

In Positano lebt er mit der polnischen Textildesignerin Irene Kowaliska, dort kommt 1941 sein Sohn zur Welt, dort deutet sich ein neues Leben an. Er schreibt gelegentlich Artikel, und die kommerziellen Erfolge seiner Frau sorgen für das Auskommen der Familie. Im Jahre 1947, als alles ausgestanden scheint, ereilt ihn noch einmal einer seiner vielen Tode: Auf dem ersten Schriftstellerkongress nach dem Krieg wird jener Dichter gedacht, die durch Nazigewalt oder in der Emigration umgekommen sind. Auf der Gedenktafel steht auch Armin T. Wegner.

Er erhebt keinen Einspruch. Erst Jahre später besucht er wieder seine Heimat und findet ein ihm fremd gewordenes Land. Er findet eine Literatur, zu der er keine Verbindung hat. Wegner kehrt nach Italien zurück.

Und dann baut der Romantiker Wegner sich ein Haus unter dem Vulkan, an der Grenze zum Untergang, am Rand der Ewigkeit. Er baut das Haus, in dem er seine Berufung als Schriftsteller vollenden will. Eine kleine Entschädigung aus Deutschland erlaubt ihm diese Unabhängigkeit. Er überhöht den Ort, weiht ihn, nennt das Mühlenhaus „Turm der sieben Winde“, erlebt das Elementare der Situation. Ihm wird aber auch klar, dass der Bau ihm „mehr Genugtuung bereitet als das Schreiben manches meiner Bücher“. Er schafft ein Werk, das sich nicht über Nacht korrigieren lässt, wie viele der in dieser Zeit entstandenen Texte, die er am Tage verfasst und in der Nacht verwirft. Wegner ist produktiv. Aber nichts von dem, was er schreibt, ist das, was er als seine Bestimmung begreift. Er beginnt zwei große Romanprojekte, aber er vollendet nur Stücke der kleinen Form, Hörspiele, Essays. Andreas Meier, der das Werk Wegners zu einer umfassenden Ausgabe vorbereitet, nennt das ein „wortreiches Verstummen“. Wegner hatte seine Heimat verloren. Das Deutschland, das er liebte, existierte nicht mehr, und niemand war mehr da, der ihn hören wollte.

Ab 2008 werden seine gesammelten Werke einschließlich des Romanfragments „Die Austreibung“ veröffentlicht werden. Wir sollten ihm noch einmal zuhören, gerade weil sein Werk unfertig und zerrissen ist. Heute muss uns Armin Wegner interessieren, weil er an seinem 20. Jahrhundert verzweifelt ist, wie so viele, denen das blanke Elend die Sprache verschlagen hat. Und wer wollte leugnen, dass dies eine angemessene Reaktion war? □

Wie man einen Schatz entdeckt

Die Piazza IX. Aprile mit dem Caffè Wunderbar: kein deutsches Restaurant, sondern sehr sizilianisch und sehr fein

Eine Million Besucher drängen jährlich durch die Gassen von Taormina. Aber das Städtchen bewahrt seine Ruhe **FOTOS: GERALD HÄNEL · TEXT: FRITZ-JOCHEN KOPKA**

Schnee am Ätna und Musik in den Strassen

Der Corso Umberto I. (li.), die Flaniermeile der Stadt, ist ganz und gar dem Tourismus ergeben. Das Schöne daran: Man sieht es ihr auf den ersten Blick nicht an. Taormina gibt sich gern charmant mit gusseisernen Balkonen an Fassaden in Pastell und mit leichtem Leben auf den großen Plätzen. Wen das nicht bezirzt, der ist spätestens im 2200 Jahre alten griechischen Theater (u.) ergriffen: geniale Akustik, große Baukunst und vulkanische Kulisse

Im Gedächtnis, aber auch im wahren Leben erscheint Taormina als eine einzige Serpentine, die an der Autobahnausfahrt zwischen Catania und Messina beginnt, um sich um den Monte Tauro herum nach Castelmola zu winden. Auf mittlerer Höhe zweigt der Corso Umberto I. ab, einer der bekanntesten Boulevards der Welt. Vom Corso führt eine randvolle Gasse in östlicher Richtung zum Teatro Greco, der imposanten, seit Ewigkeiten und immer noch bespielten Ruine des antiken Theaters. Das ist Taormina. Eine Berg- und Touristenstadt mit 10 000 Einwohnern, von deren Höhen aus man tags den Ätna und abends das Flimmern der Ostküste Siziliens genießen kann – Gründe genug, um an diesem Ort unablässig glücklich und verwundert sein zu können.

Pause auf der Piazza Duomo. Wer sich hier trifft, sollte ein Auge für den reich verzierten Barockbrunnen haben. Der mollige Zentaur mit Zepter und Krone hoch oben ist schließlich seit 1635 ein Wahrzeichen der Stadt

Taormina ist die Stadt, die mit dem Berg kämpft wie Venedig mit dem Wasser. Je hermetischer der Berg sich gibt, desto mehr fordert er die Kraft, die Finesse der Architekten und Maurer heraus. Sie bohren und meißeln sich in den Fels auf Teufel komm raus. Die Stadt ringt dem Berg ihr Territorium ab. Darum sind die Straßen eng, es gibt kaum Bürgersteige.

Der Corso Umberto ist unverfehlbar. Ein Kilometer sattes Leben zwischen Süd und Nord, Porta Catania und Porta Messina. Der ewige Strom der Touristen. Laden an Laden. Ich brauche nichts, schreit die Seele, aber das werden wir uns vielleicht noch anders überlegen. An der Westseite begrenzen die Kirche San Giuseppe, der Torre del'Orologio, der Uhrturm, und zwei Straßencafés den begnadeten Platz. Ein eisengrauer Radrennfahrer mit harten Muskeln stürzt auf den Stufen der Bibliothek einen Vitamindrink in seinen ausgepowerten Leib. Ein Mandolinespieler klimpert sizilianische Weisen, Schuljungen schauen einem Maler mit imposantem Schlapphut auf die Finger, der vor Publikum nur umso pedantischer seine Striche setzt.

Und hinter allem ist Meer. Man kann es sehen, es ist von einem makellosen abgründigen Blau, aber es stellt sich heraus, dass es schwer ist, an den Strand und ins Wasser zu gelangen. Jenseits des Corso werden die Straßen zu Treppen und Stiegen, die Wege inoffizieller und die Einblicke intim. Eine Voliere mit Pfauenvögeln, ein Käfig, das Schild: „In diesem Haus sind alle nervös, auch die Katzen." Frische Leibwäsche auf der Leine. Man sucht das Meer und findet den Friedhof. Nachdunkelndes Marmorweiß ist hier die Farbe der Trauer und der Besinnung. Nicht ohne Betroffenheit erblickt man eine Art überdimensionierten Steinschrank, in den die Gräber mit den sterblichen Überresten wie Fächer eingelassen sind. An anderer Stelle Gräber mit würdigen Grabsteinen und solche, die wie kleine Kapellen zu Ehren des Toten anmuten. Das Geld umgibt den Menschen im Leben wie im Tod. Den einen mehr, den anderen weniger.

Die Bergstadt ist eine Herausforderung für Senioren, die sie mit ungeahnter Lebenslust annehmen. Hut ab vor diesen Menschen, die dauernd den Rinnstein verfehlen und ihren Camcorder fest umklammert halten. Noch einmal Taormina sehen, ehe auch wir in ein Fach geschoben werden. Einheimische, die auf Motorrollern die Höhen der Stadt erklimmen. In ihren alten Gesichtern, selbst in ihrer Körperhaltung sind Anflüge von Selbstironie unverkennbar. Eine denkbare Form, alt zu sein.

Überraschend taucht das Teatro Greco am Ende einer bedrängend en-

Das ehemalige Kloster San Domenico (o.l.) ist heute elegantes Hotel, Zutritt nur für Gäste. Guter Geschmack für alle ist auf den Märkten zu haben, wo Händler Zedratzitronen anbieten, essbar mit Schale. Wer Ruhe sucht, vertieft sich in den Blick auf die Isola Bella (u.). Besucher sind auch hier nicht erwünscht, zum Schutz der Natur

gen Ladenstraße auf. Es ist Woche der offenen Tür, das bedeutet freien Eintritt. Bustouristen bekommen davon nichts mit. Einzelreisende sind zunächst enttäuscht. Was nichts kostet, ist auch nichts wert. Das ändert sich, sobald die Stufen erklommen sind und der obere Bogengang erreicht ist. Im Rücken Steilküste und Meer. Zu Füßen die Zuschauerbänke, ganz unten der Bühnenraum.

Beeindruckend ist gerade der Zustand des Versehrten. Risse, Lücken, kompakte Mauern, die auf einmal abbrechen. Und der Ätna als Kulisse oder gar Akteur. Hier wurden griechische Tragödien gespielt, fanden römische Gladiatorenkämpfe statt. Zeitsprünge sind Leichtigkeiten. Heute kann man Bellinis, des Mannes aus Catania und „Norma“ erleben oder Vivaldi-Konzerte.

Es ist die Stunde der Fremdenführer. Sie blühen auf. Ihr Singsang wird zum Heldengesang. Das Pathos bekommt wieder Boden unter die Füße. Leichthin bewältigen Senioren, die ihre Gebrechlichkeit vergessen haben, die nicht unproblematischen Stufen. Der Nachhall des Griechentums macht alle jung. Was uns am meisten zum Glück fehlt, ist eindeutig die Antike.

Abends im Hotel glückliche Urlauber. Paare, Familien. Eine Singlefrau im frontalen, hingebungsvollen Kontakt zur Abendlandschaft. Der Blick wird angezogen vom Lichterstreifen der Küste. Es ist ein unablässiges Flimmern, eine, so paradox es klingt, besänftigende Unruhe; alles lebt, alles bewegt sich. An einer Wand Bilder, Fotos, Zeichnungen aus dem Familienleben der Hoteliers. Man kann, sagt Giuseppe Lombardo, der Hotelier in der Villa Greta, die überwiegend deutsche Gäste beherbergt, die Deutschen einteilen in solche, die es als spannende Herausforderung sehen, mit dem Auto die Berge zu stürmen, und solche, denen fortwährend Angstschweiß auf der Stirn steht. Giuseppe Lombardo bietet den Hauswein an, einen Ätna-Wein, selbstgekeltert.

Wein fordert den Schauspieler im Menschen heraus. Ein Urlauber mit rundem Jungsgesicht kostet bedeutungsvoll, anfangs zweifelnd, zunehmend zustimmend, reicht er das Glas seiner charmanten Begleiterin, die mimisch ebenbürtig ist. Wenn der Partner das volle Glas erhebt, setzt er einen globalen Verführerblick auf, wenn er es leert, stöhnt er kenntnisreich und verzweifelt. Irgendwann verkauf ich das alles hier und mach' nur noch Wein, sagt Giuseppe Lombardo.

Am Mittwoch ist Markt auf der Piazza Johann Wolfgang Goethe. Portemonnaies, T-Shirts, Büstenhalter. Alles, was man schon hat. Käse, *salumi tipici italiani negrini*. Frauen, die voller Lust in den Textilbergen wühlen.

Via Roma. Der Blick von der Steilküste verursacht Schwindelgefühle. Gewaltige Hotelgebäude. Villa Communale, der Park. Florence Trevelyan, eine exzentrische Engländerin, hat diesen botanischen Garten erdacht, angelegt und ihn der Stadt überlassen. Leute sitzen auf den Bänken, lesen, plaudern, verewigen sich mit ihren Taschenmessern, in einer fast künstlerisch zu nennenden Schnitzschrift. Himmlische Ruhe. Hunde werden ausgeführt. Vogelgezwitscher. Manierliche Kinder. Alte Türme und Zinnen, arabisch, maurisch, viktorianisch. Zweck-

Alles, was glücklich macht: Den Naschereien in der Konditorei (l.) am Corso Umberto I. ist schwer zu widerstehen. Danach kann man an Taorminas Hausstrand im wahrsten Sinne schweben. Eine Seilbahn verbindet die Stadt mit dem Lido von Mazzaro. Bis zur Liege unterm Schirm sind es dann nur noch ein paar Schritte

freie Spielgebäude. Mrs. Trevelyan meinte, dass man von den Türmen aus ganz gut die Vögel beobachten können müsste; das war alles.

Am zweiten Tag gelingt es mir, mich bis zum Strand durchzuschlagen. Ich komme zur Isola Bella, die mir aus alten Schlagern bestens vertraut ist, heute allerdings unter Naturschutz steht, betreten nicht möglich, anschauen schon. Ein Steinstrand mit Millionen heißen, weißen, runden Kieseln, auf denen man schlecht sitzen, nur mit äußerster Vorsicht gehen und unmöglich liegen kann. Und doch fühlt man sich als Günstling des Schicksals, wenn man sich ans Ufer vorgetastet hat und, von Wasserpflanzen gekitzelt, ein paar Stöße ins Ionische Meer hinausschwimmt. Am Strand sorgen Asiatinnen mit kleinen Rucksäcken für Unterhaltung. Sie bieten Massagen an, auf einer Liste sind Kategorien und Preise ausgedruckt. Die Damen sind zutraulich, sie berühren die potenziellen Klienten sacht an jenen Körperstellen, die besonders bedacht werden. Die Leute lehnen ab, eine Massage vor aller Augen ist zu intim, bis sich ein Paar überreden lässt. Die kleine Frau öffnet eifrig den Rucksack, das Massageöl. Es entwickelt sich sogar ein Gespräch. Der Durchbruch ist geschafft.

An der Trattoria da Nino in der Via Luigi Pirandello riecht es unwiderstehlich nach Fisch. Nino bedenkt seine Gäste mit kantiger Liebenswürdigkeit und tyrannisiert seinen Kellner. Die Franzosen am Nebentisch klauben mit gepflegten Fingern in den Zähnen, ohne etwas gegessen zu haben. Der wahrgenommene Duft stammt von Spaghetti mit Sardellen, dazu noch ein Viertelliter Catarratto. Die Franzosen verschmähen den erfrischenden Wein und trinken demonstrativ Bier. Die Weinländer Frankreich und Italien scheinen sich in einem latenten Konflikt zu befinden, der bis in die kleinsten Gliederungen reicht.

Die Villa Schuler in der Via Roma, Steilküste, Blick aufs Meer und den Schnee auf dem Ätna, ist eine deutsche Geschichte in Sizilien. Eugen Schuler, der wegen gesundheitlicher Malaisen in den Süden ging, baute das Haus 1905, sein Sohn, abermals Eugen, übernahm es als Pension. In zwei Weltkriegen wurde der Besitzer zweimal enteignet, deutsche Kaiser und andere Aristokraten tummelten sich hier, zu gegebener Zeit Magda Goebbels und hohe Wehrmachtsoffiziere. Immer ging das stattliche, mit dicken Mauern umgebene Haus an den Besitzer zurück. Gerhard Schuler, Eigner in dritter Generation, studierte in Deutschland Sprachwissenschaft, bis ihn die Taormina-Nostalgie erfasste. „Wenn du gewohnt bist, von oben nach unten zu schauen, dann fehlt dir das irgendwann." Die Villa Schuler hat sich beizeiten moderner Technologien bedient, die erste Website in Taormina gehabt (hotelvillaschuler.com), aber Schuler würde nie ein Restaurant ins Haus setzen. Es gibt ja 80 Ristorantes in unmittelbarer Nähe. Dafür genießen die Gäste das Frühstück auf der Terrasse mit der sagenhaften Aussicht – manchmal stundenlang.

Der letzte Abend auf dem Corso. Die Luft streichelt dich, so viel, zum Glück unverbindliche, Zuwendung hast du noch nicht erlebt.

Die Ladenbesitzer arrangieren die Auslagen für den neuen Tag. Die Straßencafés sind locker besucht, Sängerinnen präsentieren sich mit erotischem Phlegma, es könnten sich gern mehr Gäste niederlassen. Die Gelaterias sind noch geöffnet, du gehst mit einem Mandeleis die Straße entlang, in der sich selbst die Einsamen fragen, was Einsamkeit überhaupt sei. Hier kannst du nicht allein sein, Freund. Vor dem Caffè Wunderbar drückt ein Pianoplayer mit durchsichtiger Frisur in perfekter Einfühlung die Tasten. Smoke gets in your eyes. Ach, wenn es nur Rauch ist. □

Bildnachweis

Anordnung im Layout:
o = oben, u = unten, r = rechts
l = links, m = Mitte.

Titel: Gerald Hänel; S.3 lo Michael Müller, ro Raffaele Celentano; S.4/5 Raffaele Celentano, S.4 m Raffaele Celentano/laif, S. 5 lm Gerald Hänel, lu Bildagentur-online, 4 rm Scala Archives, ru Bildagentur Huber/Johanna Huber; S. 6 ol Tjaden/laif, or Scala Archive, ul Hans Madej; S. 8 Wilhelm von Gloeden/Roger-Viollet/Studio x; ru Joerg Boethling/agenda; S. 10 o Hans Madej, m Gerald Hänel, lu Artusi Fabio/Grazia Neri/Focus, ru Brauner, Michael/Stockfood; S. 12/13 Raffaele Celentano/laif; S. 14/15 Bildagentur Huber/Massimo Borchi; 16/17 Gerald Hänel; 18/19, 22/23, 24/25, 26/27 Hans Madej; S. 20/21 Raffaele Celentano?; S. 26 Peter Peitsch; S.28/29, 31o, 32 o, 33, 34 ru, 35 lu, ro, 36 o Shobha/contrasto; S. 30 o Bildagentur-online, S. 30/31, 34 lu, 37 u Raffaele Celentano/laif; 32 m Hans Madej, S. 32 u, S. 34/35 Bernd Jonkmanns; S.39 o Associated Press, u Shobha/contrasto; S. 40/41 Gerald Hänel; S. 42/43, 44 lo Tom Pfeiffer; 44 lu Arte Wolf/Getty Images; S. 44 ro,rm, 45 lu, 46 u MartinRasper, S. 45 o Thomas Brander; S. 47 Gerald Hänel/Garp; S. 48 Jonathan Blair/Corbis; S. 50, 52, 54 1990. Photo Scala, Florence/Turin, Museo Civico.Palermo, Galleria Nazionale della Sicilia, Paris, Louvre; S. 51, 53 2006 Silvana Editoriale Spa/Cinisello Balsamo, Mailand/Turin Museo Civico d'Arte Antica, Cefalu, Museo della Fondazione Culturale Mandralisca; S. 56/57 bis 62 Gerald Hänel; S. 68/69 Hans Madej; S. 68 o, 70, 71 l, 73 u, 76/77, 77 m, 78, 78/79, 79, 80 u, 81 Arsenale Editrice/ srl/ San Giovanni Lupatoto; S. 71 Anna Gäel/Magnus Edizioni; S. 72/73 Hans Madej, S. 73 o Joachim Heiden 1998; S. 74, 75 o Hans Madej; S. 74/75 Giorgio Albertini; S. 75 u Reinhard Saczewski/BPK; S. 76/77 Alfio Garozzo; S. 80 o AKG; S. 84/85 bis 95 Raffaele Clentano, S. 87 o, 88 o, 95 Celentano/laif; S. 96/97 Bildagentur Huber/G. Simeone; S. 97 o, 99 u Mischa Wegner; S. 98 Patrick Frilet/Grazia Neri/ Focus; S. 100/101 Roland Benn; S. 102/ 103 bis 109 Gerald Hänel; S. 111Raffaele Celentano; S. 112 Bildagentur Huber/G. Simeone, S. 112/113 Harscher/ laif; S. 114 Hans Madej; S. 114/115 Oliver Tjaden/laif; S. 116 ro Hans Madej; S. 117 lo Gerald Hänel ru Bildagentur Huber/Johanna Huber; S. 118/119, 120 Hans Madej; S. 121 Gerald Hänel, S. 122 Galland Jerome/Aleph/SIC/StudioX; S. 124/125 Bildagentur Huber/Gräfenhain, S. 125 u Gran Bretagna; S. 126 Andreas von Bleichert; S.128/129 Barbagallo/laif, 128 u Bernd Jonkmanns; S. 134 AKG-Images; S. 138 o Gerhard Westrich, ul Arthur Selbach, um Tom Burghart, ur Walter Schmitz.

MERIAN

Heft 08/2007, August, Erstverkaufstag dieser Ausgabe ist der 26. 7. 2007
MERIAN erscheint monatlich im Jahreszeiten Verlag GmbH, Poßmoorweg 2, 22301 Hamburg
Telefon 040/27 17-0 **Anschrift der Redaktion:** Postfach 601728, 22217 Hamburg
Telefon 040/27 17-26 00, Fax 040/27 17-26 28, E-Mail: redaktion@merian.de
Leser-und Aboservice: Postfach 601220, 22212 Hamburg, Tel. 040/87 97 35 40, Fax 040/27 17-20 79
Syndication: www.jalag-syndication.de
GourmetPictureGuide: Stefanie Lüken, Telefon 040/27 17-20 02, Fax 040/27 17-20 89, www.gourmetpictureguide.de
Internet: www.merian.de

Herausgeber: Manfred Bissinger
Chefredakteur: Andreas Hallaschka
Stellvertretender Chefredakteur: Hansjörg Falz
Art Directorin: Sabine Lehmann **Chefs vom Dienst:** Tibor M. Ridegh, Klaus Kube (freie Mitarbeit)
Redakteure: Roland Benn (freie Mitarbeit), Anja Haegele (freie Mitarbeit), Thorsten Kolle (freie Mitarbeit)
Kathrin Sander, Charlotte von Saurma **Schlussredaktion:** Tibor M. Ridegh, Jasmin Wolf
Layout: Helga Damm (freie Mitarbeit), Ingrid Koltermann (Schlussgrafik), Beke Jürgensen (freie Mitarbeit)
Dorothee Schweizer (stellv. Art Directorin) **Bildredaktion:** Hanni Rapp, Eva M. Ohms, Lars Lindemann (freie Mitarbeit)
Redakteur dieses Heftes: Roland Benn (freie Mitarbeit) **Bildredakteurin dieses Heftes:** Eva M. Ohms
Kartographie: Peter Münch **Dokumentation:** Jasmin Wolf, Inken Baberg (freie Mitarbeit), Sebastian Schulin (freie Mitarbeit)
Andrea Wolf (freie Mitarbeit) **Mitarbeit:** Helmut Golinger, Natascha Großmann, Claire Jenik
Herstellung: Karin Harder **Redaktionsassistenz:** Sabine Birnbach, Katrin Eggers
Geschäftsführung Premium Magazine: Peter Rensmann **Verlagsleitung Premium Magazine:** Oliver Voß
Group Head Anzeigen Premium Magazine: Roberto Sprengel **Anzeigenleitung:** Christel Janßen
Anzeigenstruktur: Patricia Hoffnauer **Marketing:** Kenny Machaczek, Ulrich Rieger, Sonja Wünkhaus
Vertriebsleitung: Jörg-Michael Westerkamp (Zeitschriftenhandel), Frank H. Häger (Buchhandel)
Verantwortlich für den redaktionellen Inhalt: Andreas Hallaschka
Verantwortlich für Anzeigen: Roberto Sprengel

Verlagsbüros Inland:
Hamburg: Tel. 040/27 17-25 95, Fax -25 20, E-Mail: vb-hamburg@jalag.de
Berlin: Tel. 030/80 96 23-60, Fax -70, E-Mail: vb-berlin@jalag.de
Hannover: Tel. 0511/85 61 42-0, Fax -19, E-Mail: vb-hannover@jalag.de
Düsseldorf: Tel. 0211/901 90-0, Fax -19, E-Mail: vb-duesseldorf@jalag.de
Frankfurt: Tel. 069/97 06 11-0, Fax -44, E-Mail: vb-frankfurt@jalag.de
Stuttgart: Tel. 07 11/966 66-520, Fax -22, E-Mail: vb-stuttgart@jalag.de
München: Tel. 089/99 73 89-30, Fax -44, E-Mail: vb-muenchen@jalag.de

Repräsentanzen Ausland:
Basel: Intermag AG, Tel. +41 61/275 46-09, Fax -10, E-Mail: info@intermag.ch
London: The Powers Turner Group, Tel. +44 20/7630 99 66, Fax 76 30 99 22, E-Mail: cweiss@publicitas.com
Mailand: Media & Service International Srl, Tel. +39 02/48 00 61 93, Fax 48 19 32 74, E-Mail: info@it-mediaservice.com
Paris: International Magazine Company, Tel. +331/53 64 88 91, Fax 45 00 25 81, E-Mail: imc@international.fr
Madrid: Alcála Media International Media Representation, Tel. +34 91/326 91 06, Fax -07, E-Mail: alcalamedia@retemail.es
Wien: Publimedia Internationale Verlagsvertretungen GmbH, Tel. +431/215 30, Fax 212 16 02,
E-Mail: ppn-vienna@publicitas.com
New York: The Russell Group Ltd., Tel. +12 12/213 11-55, Fax -60, E-Mail: info@russellgroupltd.com

Die Premium Magazin Gruppe im Jahreszeiten Verlag

A&W Architektur&Wohnen · COUNTRY · DER FEINSCHMECKER · WEIN Gourmet · MERIAN

Gültige Anzeigenpreisliste: Nr. 39

Weitere Titel im Jahreszeiten Verlag: Für Sie, petra, vital, PRINZ, A&W Architektur & Wohnen, COUNTRY, DER FEINSCHMECKER, WEINGourmet, schöner reisen, Zuhause Wohnen, selber machen
Litho: Alphabeta Druckformdienst GmbH, Hamburg. Druck und Verarbeitung: heckel GmbH, Nürnberg,
ISBN: 978-3-8342-0708-1, ISSN 0026-0029 MERIAN (USPS No. 011-458) is published monthly.
The subscription price for the USA is $ 110 per annum. K.O.P.: German Language Publications, Inc., 153 South Dean Street, Englewood NJ 07631. Periodicals postage is paid at Englewood NJ 07631, and at additional mailing offices. Postmaster: send address changes to: MERIAN, German Language Publications, Inc. 153 South Dean Street, Englewood NJ 07631.

JAHRES ZEITEN VERLAG
Ein Unternehmen der
GANSKE VERLAGSGRUPPE

100 JAHRE GANSKE VERLAGS GRUPPE

TEXTE Ralf Nestmeyer, Natascha Großmann REDAKTIONSSCHLUSS Juni 2007

MERIAN

TOP TIPPS Was Sie auf Sizilien nicht versäumen sollten:

- **Der Ätna** Eine fremde, urtümliche Welt hoch über der heißen Insel. Mehr darüber und wie Sie sich am besten entdecken lässt, lesen Sie auf den Seiten 40 und 128.
- **Agrigent** Das Tal der Tempel, Höhepunkt griechischen Sakralbaus. Und nicht vergessen: die mittelalterliche Stadt mit ihren Treppen und Gassen.
- **Catania** und sein Fischmarkt: ein Freudenfest für alle Sinne, besonders für die Nase.
- **Cefalù** Dom und Altstadt sehen, dann auf den steilen Felsen kraxeln und den Blick auf die Äolischen Inseln genießen.
- **Monreale** Der Dom ist eine Orgie in Gold, der normannisch-arabische Kreuzgang Zeuge einer versunkenen Zeit.
- **Herrenmode** In fast jeder Stadt zu finden: Stilvolle Geschäfte in uraltem Holz mit Verkäufern, die aussehen wie Museumsdirektoren.
- **Villa Romana** Der hervorragend erhaltene Landsitz eines Römers und seine Mosaiken: ein Comicstrip aus der späten Antike, siehe Seite 72.
- **Noto** Vom Erdbeben zerstört und als Juwel neu erstanden: die Barockstadt gehört zum Unesco-Welterbe.
- **Riserva Naturale dello Zingaro** Der älteste Naturpark Siziliens. Wild und zerklüftet, ein Paradies für Wanderer.
- **Stromboli** Ein Mythos und ein zuverlässiger Grantler. Wie intensiv man ihn erleben kann, steht auf Seite 96.

Die Äolischen Inseln sind die kleinen Vorposten der größten Insel im Mittelmeer. Blick von Alicudi auf das benachbarte Filicudi

Foto: Raffaele Celentano

MERIAN | AUSBLICK

Entdeckungen

Wohin Sie auch gehen auf Sizilien: Sie bewegen sich immer auf historischen Spuren

Die Wiederentdeckung Siziliens in der Neuzeit begann erst 1767, als der deutsche Johann Winckelmann die römische Antikenverwaltung übernahm und den Baron von Riedesel nach Sizilien schickte, um den Bestand an alten Ruinen aufzunehmen. Sein Reisebericht und die seiner Nachfolger Goethe und Seume adelten Sizilien zum klassischen Ziel einer Bildungsreise. Die Tempel von Agrigent (S. 116) und Selinunt, die Theater von Taormina und Syrakus gehörten zum Pflichtprogramm einer Sizilienrundfahrt. Den Westen – abgesehen von der Elymerstadt Segesta – ließen die meisten Reisenden im 19. Jahrhundert links liegen. Die damals abgesteckte Route bestimmt bis heute den Verlauf der meisten Sizilienreisen. Folge: Jenseits der Hauptsehenswürdigkeiten ist Sizilien touristisch recht unerschlossen. Aber die Bewohner der Landstädte und Dörfer begegnen einem Fremden stets freundlich und aufgeschlossen. Die vielen Völker, die der Insel Zeugnisse ihrer Kultur hinterlassen haben, waren aber auch abseits der heute großen Städte vertreten. Es lohnt sich daher, aufs Geratewohl ins Innere der Insel zu fahren.

Dominantes Bauwerk: der Dom von Cefalù

Dass die Bauwerke aus griechischer Zeit so gut erhalten sind, verdanken wir den Römern: Die Pragmatiker bauten um und schufen wenig Neues. Von der byzantinischen und der arabischen Epoche sind nur wenige Spuren erhalten; erst die normannischen Bauten haben die Jahrhunderte besser überdauert, wie die byzantinisch-arabischen Normannendome von Monreale und Cefalù. Einen letzten Höhepunkt der Kunst markieren die prachtvoll-verspielten Barockbauten, die auf der gesamten Insel zu bewundern sind – besonders im Südosten (S. 114). Die schönsten, in sich geschlossenen Barockstädte sind sicherlich Noto und Ragusa. Wir können Ihnen in diesem Heft nur einen Überblick über die wichtigsten Attraktionen der Insel geben: zu reich ist sie. Dies gilt entsprechend auch für unsere Hotel- und Gaststättentipps. Für zusätzliche Informationen empfehlen wir MERIANlive Sizilien, das im Sommer 2007 neu erscheint.

PALERMO

(a 2) **Castello della Zisa**
Das kleine, einst von einem Park umgebene normannische Lustschlösschen stammt aus der zweiten Hälfte des 12. Jh. Deutlich sind die arabischen Einflüsse zu erkennen.
Piazza Guglielmo il Buono
tgl. 9-19 Uhr, Eintritt 4,50 €

(b 4) **Cattedrale**
Normannenbau aus dem Jahre 1185. Der Chor und die Apsiden entsprechen noch weitgehend dem ursprünglichen Bau. Im Laufe der Jahrhunderte erfolgten diverse Umbauten, die Fassade wird von einem schönen gotisch-katalanischen Portal geziert. Am einschneidendsten waren die klassizistischen Veränderungen des Innenraumes, damals erhielt die Kathedrale eine unpassende Kuppel. Im rechten Seitenschiff stehen vier Porphyr-Sarkophage mit den Überresten Rogers II. und seiner Tochter Konstanze sowie des Staufers Friedrichs II. und seines Vaters Heinrich VI.
Corso Vittorio Emanuele
tgl. 9.30-17 Uhr, Eintritt 2,50 €

(a 4) **Convento dei Cappuccini**
In den Kellerräumen des Kapuzinerklosters wurden bis 1881 rund 200 Jahre Angehörige der Oberschicht mumifiziert. Manche wurden direkt an der Wand befestigt, wo sie in ihren mittlerweile zerschlissenen Gewändern Vergänglichkeit demonstrieren, andere liegen in offenen Särgen. Berühmt ist der konservierte Leichnam der zweijährigen Rosalia.
Piazza Cappuccini
tgl. 9-12 und 15-17 Uhr
Zwangsspende 1,50 €

(e 6) **Orto Botanico**
Palermos weitläufiger Botanischer Garten mit Pflanzen aus aller Welt zählt zu den schönsten Europas. Gleich nebenan schließt sich der Stadtpark Villa Giulia an, der schon Goethe begeisterte.
Via Lincoln 2b
tägl. 9-18 Uhr, Eintritt 4 €

(e 4) **Palazzo Chiaramonte**
Eines der schönsten gotischen Bauwerke Palermos, zeugt vom Selbstbewusstsein des sizilianischen Adels. Leider nur von außen zu betrachten.
Piazza Marina 61

(a 4/5) **Palazzo dei Normanni und Cappella Palatina**
Da der Normannenpalast Sitz der sizilianischen Regierung und des Parlamentes ist, kann er größtenteils nur von außen besichtigt werden. Er wurde im 9. Jh. von den Arabern errichtet, von den Normannen erweitert und später mehrfach umgebaut. Die Hauptsehenswürdigkeit ist die Cappella Palatina. Die ursprünglich freistehende Kapelle ist von relativ bescheidenem Ausmaß, aber umso reicher mit prachtvollen Mosaikzyklen und Ornamenten verziert. Zur Ausstattung zählt neben dem Thron Rogers II. auch die einzige erhaltene normannische Kanzel Siziliens.
Piazza Indipendenza
Mo-Sa 8.30-12 und 14.30-17
So 8.30-14 Uhr, Eintritt 6 €

(e 5) **Galleria Regionale della Sicilia**
Das in einem gotischen Palast untergebrachte Kunstmuseum birgt sizilianische Gemälde und Plastiken aus der Zeit des 12. bis 18. Jh. Schwerpunkt Gotik und Renaissance.
Via Alloro 4
Mo-Fr 9-13 und 14.30-19
Sa-So 9-13 Uhr, Eintritt 6 €

Die großen Lettern (D 2) beziehen sich auf die MERIAN-Karte auf S. 131, die kleinen (a 2) auf den Stadtplan auf S. 130

Regierungsgebäude seit 900 Jahren, wenn auch mit Unterbrechungen: der Normannenpalast in Palermo

(d 2/3) **Museo Archeologico Regionale „Antonio Salinas"**
Das Archäologische Museum von Palermo zählt zu den bedeutendsten Sammlungen Italiens mit Funden aus phönizischer, griechischer und römischer Zeit aus allen Teilen Siziliens. Empfehlenswert ist das Haus allerdings nur für Kenner, da es jegliche museumspädagogische Aufarbeitung vermissen lässt. Eine Frontalausstellung mit mangelhafter Information.
Piazza Olivella
Di-Fr 8.30-14 und 14.30-18.45, Sa-Mo 8.30-13.45 Uhr Eintritt 6 €

(e 1) **Museo Etnografico Siciliano Pitre**
In einer luxuriösen Villa im chinesischen Stil sind zahlreiche Zeugnisse sizilianischer Volkskunde zusammengetragen: Karren, Marionetten, Trachten.
Viale Duca degli Abruzzi 1
Di-Sa 9-19.30, So 9-12.30 Uhr Eintritt 5 €

(f 4) **Museo Internazionale delle Marionette Antonio Pasqualino**
Die Sammlung umfasst nicht nur sizilianische Marionetten, sondern auch orientalische Schattentheaterfiguren. Gelegentlich Vorführungen.
Piazzetta Niscemi 5
Mo-Fr 10-13 und 15.30-18.30 Uhr, Sa u. So 9-13 Uhr geöffnet Eintritt 5 €, erm. 3 €

RUND UM PALERMO

(D/E 2) Bagheria

Bagheria war bis weit ins 19. Jh. ein beliebter Aufenthaltsort palermitanischer Adelsfamilien, die sich hier zahlreiche prächtige Villen errichten ließen. Mittlerweile sind die meisten Villen aus dem Barock stark verfallen, die ausgedehnten Gärten verschwunden.
18 km östlich von Palermo

Villa Cattolica
In der Villa Cattolica, einem prachtvollen Barockpalast, befindet sich das Museo Renato Guttuso, das der zeitgenössischen Kunst gewidmet ist.
www.museoguttuso.it
Tgl. außer Mo 9.30-18 Uhr Eintritt 4,50 €

Villa Palagonia
Die berühmteste Villa Bagherias (1715) ist wegen ihrer grotesken Figuren ein beliebtes Ausflugsziel. Goethe fand sie allerdings recht unschön.
www.villapalagonia.it
tgl. 9-13 und 16-19 Uhr Eintritt 4 €

(D/E 2) Solunto

Die Ruinen des antiken Solunto auf einem Hügel im Norden von Bagheria. Von den Puniern gegründet, entwickelte sich Solunto im Römischen Reich zu einer der bedeutendsten Städte Siziliens. Links und rechts der gepflasterten Hauptstraße erstrecken sich die Grundmauern mehrerer stattlicher Wohnhäuser, der ehemaligen Agora und eines Theaters. Im Eingangsgebäude ist ein Teil der Funde zu besichtigen.
Tgl. 9-18, So bis 14 Uhr, im Winter 9-16 Uhr, Eintritt 2 €

(D 2) Monreale

Dom
Normannenkönig Wilhelm II. erteilte 1174 den Auftrag zum Bau dieser Kathedrale. In rund zwei Jahrzehnten entstand dieses wohl herausragendste Bauwerk der normannischen Epoche. Die prächtigen Portale und die Fassade der Ostapsiden geben bereits einen Vorgeschmack auf die Innenausstattung der dreischiffigen Kathedrale: die einzigartigen Mosaikzyklen mit Szenen des Alten und Neuen Testaments, eine der vollständigsten Bilderbibeln des Mittelalters.
Tgl. 8.30-18.30 Uhr, Eintritt frei (Schatzkammer 2,50 €)

Kreuzgang (Chiostro)
Der Kreuzgang gehört zu dem an die Kathedrale angrenzenden Benediktinerkloster und zählt zu den schönsten der Welt. Er umschließt einen großen Hof mit einer Seitenlänge von jeweils 47 m. Die 228 unterschiedlich mit Gold und Mosaiken gestalteten Kapitelle und Säulen sind ein Höhepunkt der sizilianischen Bildhauerkunst. Bemerkenswert ist der Brunnen in der Ecke des Hofs: in der europäischen Klosterarchitektur eher unüblich, aber typisch arabisch.
Tgl. 9-19 Uhr, Eintritt 3 €

Monte Pellegrino
Der 606 m hohe Kalksteinfelsen ist der heilige Berg Palermos. Das „schönste aller Vorgebirge der Welt", fand Goethe im Jahre 1787. Aufregender Blick über Palermo.

Santuario di Santa Rosalia
Hier soll ein Hirte 1624 die Gebeine der hl. Rosalia gefunden haben, nachdem sie ihm im Traum erschienen war. Die Gebeine wurden in einer Prozession in das von der Pest gepeinigte Palermo getragen, woraufhin die Krankheit verschwand. Palermo hatte eine neue Schutzheilige. Der Wallfahrtsort besteht aus einer Grotte mit einem Altar und einer Marmorstatue der Heiligen, vor der eine Kapelle errichtet wurde.

NORDKÜSTE

(F 2) Cefalù

Nach Taormina ist Cefalù der meistbesuchte Ferienort Siziliens. Die unvergleichliche Lage, der Normannendom sowie ein gepflegter Sandstrand sind das touristische Kapital der Stadt. Cefalù kann auf eine rund dreitausendjährige Geschichte zurückblicken: Der namengebende wuchtige Fels (griech. *cephalos*, Haupt) diente früher als Kultstätte und als letzter Rückzugsort vor feindlichen Angreifern. Später errichteten die Normannen eine Burg auf dem leicht zu verteidigenden Berg.

Dom
Roger II. legte 1131 den Grundstein. Die dreischiffige Basilika beeindruckt vor allem durch die byzantinischen Mosaikarbeiten im Altarraum und durch ihr schlichtes Langhaus. Christus ist in der Apsis als Weltenherrscher dargestellt. Das bedeutendste mittelalterliche Mosaik Siziliens.
Tgl. 8-12 und 15.30-17 Uhr im Sommer 8-19.30 Uhr

Lavatoio Arabo
Das von einer Quelle gespeiste Waschhaus ist eines der wenigen Relikte aus der Zeit, als die Araber herrschten.
Via Vittorio Emanuele, auf der Höhe von Nr. 55 *tgl. 9-13 Uhr*

Museo Mandralisca
Das Museum ist aus der Sammlerleidenschaft eines Privatmannes entstanden. Zum Inventar gehören Gemälde, griechische Keramik, arabische Vasen und eine umfangreiche Muschelsammlung. In einem Einzelraum steht das „Porträt

MERIAN | TIPP

Madonie

Bei einem Ausflug in die Madonie, das bergige Hinterland von Cefalù, kann man die schönsten Eindrücke einer Sizilienreise sammeln. Seit 1972 stehen die Madonie unter Naturschutz. Bis auf knapp 2000 m Höhe ragen die Gipfel empor: Der Pizzo Carbonara ist mit 1979 m nach dem Ätna der zweithöchste Berg Siziliens. Die Madonie bieten zahlreiche Wandermöglichkeiten durch relativ unberührte Natur und ausgedehnte Laubwälder. Nähere Informationen im Fremdenverkehrsbüro von Cefalù. **(F 3)**

Schönheit des Hinterlandes: Bergdorf in der Madonie

eines Mannes" von Antonello da Messina (s. S. 50)
Via Mandralisca 13
tgl. 9-19 Uhr, Eintritt 5 €

San Giovanni degli Eremiti
Die kleine, von fünf roten Kuppeln gekrönte Kirche liegt inmitten eines wunderschönen Gartens. Der viereckige Bau ist ein faszinierendes Beispiel für die Vermischung islamischer und abendländischer Architektur. Der von exotischen Pflanzen umgebene Kreuzgang aus dem 13. Jh. vermittelt eine märchenhafte Atmosphäre, die nur gelegentlich vom Ansturm der Besucher gestört wird.
Via dei Benedettini
tgl. 9-19, So 9-13 Uhr
Eintritt 3 €, der Kreuzgang wird z.Z. renoviert

DIE OSTKÜSTE

(K 1/2) Messina

Messina war von jeher eine strategisch wichtige Hafenstadt: Die Lage am Stretto, der Meerenge von Messina, und der sichelförmige Naturhafen waren wie geschaffen für eine Stadtgründung. Historische Bauten sind nur schwer auszumachen, ein Erd- und Seebeben zerstörte 1908 nahezu alle Häuser. Die Bombardements des Zweiten Weltkriegs leisteten ein Übriges.

Dom
Der 1197 geweihte Normannendom ist ein Musterbeispiel des Wiederaufbaus. Beim großen Erdbeben von 1908 wurde der Dom zerstört. Der wieder errichtete Bau fiel 1943 einer Brandbombe zum Opfer, sodass nur noch die Grundmauern des mittelalterlichen Kirchenbaus erhalten geblieben sind. Der Dom birgt neben mehreren Kunstwerken die mit 170 Registern und rund 16 000 Pfeifen größte Orgel Italiens.

Santissima Annunziata dei Catalani
Die kleine Normannenkirche stammt größtenteils aus dem 12. Jh. und liegt merklich unter dem heutigen Straßenniveau. Die Kuppel, die Apsis und das Querhaus lassen deutlich byzantinische Einflüsse erkennen.

Museo Regionale di Messina
Hier dreht sich alles um Kunst aus der Zeit vom 12. bis 18. Jh. Herausragend sind zwei überdimensionale Gemälde von Caravaggio.
Viale Liberta 465
Di-Sa 9-13.30, Di, Do und Sa auch 15-17.30, So 9-13 Uhr
Eintritt 2,50 €, Mi geschlossen

(J 2) Tindari

Tyndaris wurde 397 v. Chr. von den Griechen auf einem 270 m hohen Kalkfelsen gegründet und erblühte in römischer Zeit. Die antiken Stadtmauern sind noch deutlich auszumachen, nach der Zerstörung durch die Araber im Jahr 836 geriet der Ort in Vergessenheit. Der Blick vom griechischen Amphitheater auf das Meer und die Äolischen Inseln ist ebenso berauschend wie der von der Wallfahrtskirche Santuario della Madonna Nera auf die Lagune.
50 km westlich von Messina

Das antike Tyndaris
Das Ausgrabungsgelände befindet sich 200 m westlich der Wallfahrtskirche. Deutlich auszumachen ist noch die Hauptstraße (Decumanus) der antiken Stadt. Sie verbindet die Basilika mit dem Griechischen Theater. Die Reste einer Thermenanlage und die Grundmauern römischer Häuser sind ebenfalls zu besichtigen. Ein Teil der Funde ist in einem kleinen Museum hinter dem Eingang ausgestellt.
Tgl. von 9 Uhr bis 2 Stunden vor Sonnenuntergang, Eintritt 2 €

Santuario della Madonna Nera
Die Wallfahrtskirche der Schwarzen Madonna, deren Fest jedes Jahr am 8. September gefeiert wird, zieht alljährlich Tausende von Pilgern an. Der neoromanische Bau aus dem 20. Jh. birgt eine byzantinische schwarze Madonnenstatue mit Kind, die in ganz Sizilien für ihre Wundertätigkeit bekannt ist.

(J 3) Taormina

Seit sich Sizilien als klassisches Reiseziel etabliert hat, führt kein Weg an Taormina vorbei. Heute ist es die Touristenattraktion der Insel (s. S. 102). Die strategisch günstige Lage auf einem auslaufenden Kamm des Monte Tauro mag den Karthager Hamilkar 396 v. Chr. zur Gründung Taorminas angeregt haben; doch bereits vier Jahre später lenkten die Griechen die Geschicke der jungen Stadt. Ihrer Baukunst verdankt Taormina das wohl schönste Freilichttheater der Welt, das in einen natürlichen Hang eingebettet ist und einen grandiosen Blick auf den nahen Ätna freigibt.

Teatro Greco
Das Wahrzeichen Taorminas wurde im 3. Jh. v. Chr. errichtet. Sein heutiges Aussehen er-

Säulen über Säulen: hinten die der Kirche San Biagio, davor jene des römischen Amphitheaters von Catania

hielt es allerdings erst rund 400 Jahre später, als die Römer das Bauwerk zu Gladiatorenkämpfen nutzen wollten. Mit einem Durchmesser von 109 m ist es das zweitgrößte Theater Siziliens und soll einst 30 000 Zuschauern Platz geboten haben. In den Sommermonaten kann man sich bei einer der regelmäßig stattfindenden Aufführungen von der hervorragenden Akustik überzeugen. Direkt ans Teatro Greco schließt sich das Antiquarium an. Das kleine archäologische Museum präsentiert Funde aus Taormina und Umgebung.
Tgl. von 9 Uhr bis eine Stunde vor Sonnenuntergang, Eintritt 6 €

Seilbahn
Die Seilbahn (*Funivia*) ist die kürzeste und schnellste Verbindung zwischen dem Zentrum und dem Strand bei Mazzaro. In nur fünf Minuten schwebt sie hinunter zum Meer.
Abfahrt alle 15 Minuten
Fahrpreis 1,80 € (einfach)

Giardini-Naxos
Der beliebte Fischer- und Badeort, 5 km südlich von Taormina, erstreckt sich am Fuße des Monte Tauro entlang eines schmalen Küstenstreifens. Hier gründeten die Griechen 735 v. Chr. ihre erste Siedlung auf sizilianischem Boden. Reste des antiken Naxos können bei einem Spaziergang durch den Parco Archeologico (tgl. von 9 Uhr bis eine Stunde vor Sonnenuntergang) betrachtet werden. Am Rand des Grabungsgeländes sind in einem kleinen Museum Grabungsfunde ausgestellt.
Mo geschl., Eintritt 2 €

(H 3) Randazzo
Ein Städtchen aus Ätna-Gestein. Die prächtigen Adelspaläste, mehrere Kirchen, eine von Schwibbogen überspannte Gasse sowie der ansehnliche Rest einer mittelalterlichen Stadtmauer lassen die einstige Bedeutung Randazzos erahnen. Besonders pittoresk ist die aus schwarzer Lava errichtete Cattedrale Madre di Santa Maria, deren älteste Teile aus dem 13. Jh. stammen.
35 km von Taormina

(J 4) Catania

Eine der frühesten griechischen Kolonien aus dem Jahre 729 v. Chr. Zu größerer Bedeutung gelangte die Stadt aber erst während der römischen Epoche. In der späten Kaiserzeit wuchs Catania zur größten Stadt Siziliens heran. Daraufhin folgte eine lange Phase des Niedergangs; erst die Spanier aus dem Hause Aragon begannen, Catania wieder zu fördern. Sie gründeten 1434 die bis heute bestehende Universität.
Die „Tochter des Ätna" liegt nur rund 30 km vom Hauptkrater des Vulkans entfernt. 1669 strömte die Lava durch Catania, teilte sich beim Castello Ursino und füllte das alte Hafenbecken auf. 1693 legte ein Erdbeben die Stadt in Schutt und Asche. Doch schon bald begann unter der Federführung von Giovanni Battista Vaccarini ein glanzvoller Wiederaufbau in schwarzem Lavabarock. Die Bedrohung durch den unheilvollen Riesen wird gern verdrängt: Die Vororte von Catania haben sich bedenklich nahe an den Ätna herangeschoben.

Duomo di Sant' Agata
Im Kern geht der dreischiffige Dom zwar auf die Normannenzeit zurück, doch nach dem Erdbeben von 1693 wurde das beschädigte Gotteshaus in die barocke Umgestaltung des Stadtbildes mit einbezogen. Die Pläne stammten von Girolamo Palazzotto und Giovanni Battista Vaccarini, der auch ein beachtenswertes Portal von 1577 und antike Säulen aus dem römischen Theater in die Fassade integrierte. Der Komponist Vincenzo Bellini fand im Dom seine letzte Ruhestätte.
Piazza del Duomo *tgl. 9-13, 16-19 Uhr*

San Nicolo
Die Kirche des ehemaligen Benediktinerklosters ist der größte Sakralbau Siziliens. Das gewaltige barocke Gebäude entstand zwischen den Jahren 1695 und 1735, wurde jedoch nicht vollendet. Tritt man in das dreischiffige Innere, so verblüfft weit weniger die Dimension der Kirche als ihre Schmucklosigkeit.
Piazza Dante
tgl. 9-13 Uhr, Di und Do 15-18 Uhr

MERIAN | Rundfahrt

Erdbebenfolgen

Durch die Städte des Südostens – vorbei an prachtvollen Barockbauten

Nirgendwo in Sizilien haben die Baumeister des Barock schönere Kirchen und Paläste errichtet als im Südosten der Insel. Nach dem gewaltigen Erdbeben 1693 wurden ganze Städte wie Noto, Ragusa, Modica, Ávola und Grammichele nach geometrischen Mustern am Reißbrett entworfen. Innerhalb weniger Jahrzehnte entstanden sie in neuem Glanz.

Als Ausgangspunkt für diese Rundtour empfiehlt sich **Syrakus**. Auf der in südöstlicher Richtung verlaufenden SS 115 gelangt man zuerst nach **Avola (J 6)**, einem kleinen landwirtschaftlichen Zentrum unweit der Küste.

Neun Kilometer weiter im Landesinneren liegen die Ruinen der alten Stadt Avola Vecchia. Sie ist 1693 ebenso wie das benachbarte **Noto (J 6)** vollständig zerstört worden, sodass man sich entschloss, die neue Stadt mehrere Kilometer entfernt zu errichten. Aufgrund des ebenen Geländes war eine regelmäßige sechseckige Stadtanlage möglich. Im Zentrum des Ortes wird die Piazza Umberto I. von vier weiteren Plätzen eingerahmt.

Nächste Etappe der Rundtour ist **Noto**, das mit seinen zahlreichen Kirchen und Palästen als die schönste Barockstadt Siziliens gilt. Bei der Neugründung konnten die von potenten Geldgebern angeworbenen Baumeister frei walten. In ihrem Verlauf streift die SS 115 mit **Modica (H 7)** und **Ragusa (H 6)** zwei weitere eindrucksvolle Barockstädte. Beide warten mit einer prachtvollen Kirche auf, die dem heiligen Giorgio geweiht ist.

Auf der kleinen N 194 geht es nach Norden in Richtung **Vizzini (H 5/6)** durch eine kaum besiedelte Region. In Giarratana **(H 6)** zweigt eine landschaftlich reizvolle Straße nach **Palazzolo Acreide (H 6)** ab. Dieses sympathische Städtchen wurde neben den Ruinen der griechischen Stadt **Akrai (H 6)** gegründet.

Zurück nach **Syrakus** führt von hier die SS 124. Wer noch Zeit und Lust hat, sollte unbedingt einen Abstecher zu den **Necropoli di Pantalica (J 5/6)** machen. Die kleine Wanderung zu den vorgeschichtlichen Grabhöhlen führt entlang einer herbromantischen Schlucht, deren wilde Schönheit zum Verweilen einlädt. Und einen schöneren Platz für eine Picknick mit italienischen Spezialitäten wird man in der Umgebung nicht finden!

Die Autotour führt auf teilweise kurvigen Landstraßen durchs Landesinnere; die Länge beträgt rund 165 km, einen ganzen Tag sollte man sich dafür gönnen.

Teatro Bellini
Das im Stil der Neorenaissance errichtete Theater zeugt von der Opernleidenschaft der Italiener. Es genießt zu Recht den Ruf, eines der schönsten Theater südlich der Alpen zu sein.
Piazza Bellini
Besichtigung anmelden unter Tel. 095 730 61 11
im Sommer geöffnet von 8-14 Uhr

Teatro Romano
Das römische Theater liegt ziemlich versteckt in einem Wohnviertel im Zentrum Catanias. Man geht durch eine unscheinbare Hauseinfahrt und wird von der Größe des Theaters überrascht. In der Antike bot das Teatro Romano mindestens 7000 Zuschauern Platz. Errichtet wurde es aus schwarzen Lavablöcken, Ziegelsteinen und Marmor.
Via Vittorio Emanuele II. 266
Di-So 9-13 und 14 Uhr bis 1 Stunde vor Sonnenuntergang Eintritt 2 €

Via Crociferi
Die Via Crociferi, die barocke Prachtstraße Catanias, verläuft parallel zur Via Etnea. Die ruhige, rund 1 km lange Straße wird an beiden Enden von einem Bogen abgeschlossen. Viele monumentale Kirchen und Paläste, die zumeist von geistlichen Herren bewohnt waren, säumen den Straßenzug. Hervorzuheben ist die Kirche San Giuliano, ein Werk von Giovanni Battista Vaccarini.

Castello Ursino
Der quadratische Festungsbau mit den wuchtigen runden Ecktürmen beherbergt seit 1932 das Stadtmuseum, das wichtige Privatsammlungen vereint. Trotz Renovierungsarbeiten kann man einen kleinen Teil der leeren Räume des Kastells in Augenschein nehmen, das im Auftrag Friedrichs II. von 1239 bis 1250 errichtet wurde. Wie man an diesem funktionalen Bau des Stauferkönigs erkennen kann, legte er wenig Wert auf äußeren Schmuck. Bis zum Ätnaausbruch im Jahre 1669 lag das Castello Ursino direkt am Meer, doch haben die Lavamassen den Küstenverlauf verschoben.
Piazza Federico di Svevia
Mo-Sa 9-13 Uhr, Eintritt frei

Museo Belliniano
Das Museum ist im Geburtshaus des Opernkomponisten Vincenzo Bellini (1801-1835) untergebracht. Mit seinen Opern „Norma", „La Sonnambula" und „I Puritani" waren Bellini große Erfolge vergönnt, die er in Neapel, Mailand und Paris feierte.
Piazza San Francesco 3
Mo-Sa 9-13, Di und Do 15-18 So bis 12.30 Uhr, Eintritt frei; z. Zt. wg. Renovierung geschl.

SÜDEN UND SÜDOSTEN

(E 5) Agrigent

Der griechische Dichter Pindar rühmte die Stadt als „schönste der sterblichen Städte". Noch

Notos Sandstein leuchtet hell, dennoch sind die Kathedrale und die Balkonträgerinnen des Palazzo Villadorata vom Verfall bedroht

heute gilt: An den Tempeln Agrigents führt kein Weg vorbei. Mehr als 200 000 Menschen sollen im antiken Agrigent gelebt haben, das 581 v. Chr. unter dem Namen Akragas von griechischen Siedlern als Pflanzstadt von Gela aus gegründet wurde. 2 km südlich davon befinden sich Tempel und Grundmauern des antiken Akragas. Die gewaltige Ausdehnung des antiken Bezirks und die stattlichen Tempelanlagen – keine andere griechische Stadt soll mehr Tempel besessen haben – lassen die einstige Bedeutung Agrigents erahnen (s. S. 118).
Die unansehnlichen Betonburgen der Nachkriegszeit verstellen den Blick auf den mittelalterlichen Stadtkern. Trotz aller antiker Pracht sollten Sie es nicht versäumen, durch die schmalen Gassen und Treppengänge zu schlendern.

Casa Natale di Luigi Pirandello
Im Weiler Caos, abseits der SS 115, liegt das Geburtshaus des Literaturnobelpreisträgers Luigi Pirandello (1867-1936). Das originalgetreu eingerichtete Haus ist seit 1952 Museum. Schmunzeln kann man über ein ausgestelltes Zeugnis, das dem Schüler Pirandello die Note vier in italienischer Sprache bescheinigt.
Tgl. 9-13 und 16-19 Uhr
Eintritt 2 €

Dom
Am höchsten Punkt der Altstadt erhebt sich der im 11. Jh. begonnene und im13./14. Jh. erweiterte Dom. Von der barocken Freitreppe aus hat man einen weiten Blick über die westliche Umgebung von Agrigent. Das Gotteshaus vereint verschiedene Stilepochen; die Holzdecke aus dem frühen 16. Jh. und der barocke Chor sind besonders sehenswert.

Santa Maria dei Greci
Etwas versteckt in der Altstadt unterhalb des Doms liegt diese kleine gotische Kirche. Die in einem angrenzenden Kellerraum zu sehenden Reste eines griechischen Tempels zeugen von der im frühen Mittelalter häufigen Umwandlung heidnischer Tempel in Gotteshäuser. Wer die Kirche besichtigen will, muss den freundlichen Küster aufsuchen. Er wohnt gegenüber dem benachbarten Lebensmittelgeschäft und freut sich über ein Trinkgeld.

Museo Archeologico Regionale
Im Zentrum der antiken Stadt, die von einer 13 km langen Mauer umgeben ist, befindet sich das Archäologische Museum mit einer der bedeutendsten archäologischen Sammlungen Siziliens. Herausragend sind vor allem die antiken Vasen. Gewaltig wirkt ein 7,75 m großer Telamon, der einst den Oberbau des Zeustempels stützte. Das Museum grenzt an die einstige Zisterzienserkirche San Nicola. Die Kirche besitzt ein schönes gotisches Portal. Im Inneren birgt sie mit dem Phädra-Sarkophag ein antikes Meisterwerk. Auf der dem Museum gegenüberliegenden Straßenseite wurde ein römisch-hellenistisches Wohnviertel ausgegraben, das bis etwa eine Stunde vor Sonnenuntergang besichtigt werden kann.
Straße zum Valle dei Templi
tgl. 9-13 und 14-19.30 Uhr (Mo nur 9-13 Uhr), Eintritt 6 €

(D 5) Eraclea Minoa
Über weißen Kreidefelsen liegen die Ruinen des antiken Eraclea Minoa. Die Stadt wurde im 6. Jh. v. Chr. von Siedlern aus Selinunt gegründet. 500 Jahre später zerstört, geriet Eraclea Minoa in Vergessenheit. Die Ausgrabungen brachten neben Resten der Befestigung, einem antiken Wohnviertel und dem kleinen Museum vor allem das griechische Theater zum Vorschein. An der Küste südöstlich von Eraclea Minoa erstrecken sich kilometerlange goldgelbe Sandstrände.
13 km westlich von Agrigent
tgl. 9 Uhr bis eine Stunde vor Sonnenuntergang, Eintritt 2 €

(G 6) Gela
Die Entdeckung der ergiebigen Erdölfelder vor der Küste haben im Jahre 1956 zu einem wahren Erdölboom geführt, der sich auf das Stadtbild auswirkte: Es wurde erheblich verschandelt. Angesichts der Raffinerien und Tankschiffe fällt es schwer, in Gela eine der ältesten und bedeutendsten griechischen Städte auf Sizilien zu erkennen. Mit dem Tyrannen Gelon wurde die Hafenstadt zum Machtzentrum Siziliens. Gelon eroberte Syrakus und besiegte 480 v. Chr. die Karthager bei Himera. Nachdem Gela 280 v. Chr. von den Agrigentern zerstört worden war, blieb die Stadt bis weit ins Mittelalter verlassen. Erst Stauferkaiser Friedrich II. gründete hier eine neue Stadt mit dem Namen Terranuova, die unter Mussolini ihren alten Namen wiederbekam.
75 km östlich von Agrigent

Fortificazioni di Capo Soprano
Das 300 m lange Teilstück der einst 12 km langen antiken Stadtmauer zählt zu den besterhaltenen Stadtbefestigungen der griechischen Antike.
Tgl. von 9 Uhr bis eine Stunde vor Sonnenuntergang, Eintritt 3 €

Museo Nazionale e Parco Archeologico
Der moderne, erst 1995 renovierte Museumsbau beherbergt antike Keramik, prächtige Vasen und eine bemerkenswerte Münzsammlung. Alle Funde stammen aus dem Stadtgebiet und der Umgebung. Im an-

MERIAN | TIPP

Gola dell' Alcantara
An der Nordflanke des Ätna hat der Alcantara-Fluss eine atemraubende, über 20 m tiefe Schlucht in das Basaltgestein gegraben. Grünlich schimmern die Wassermassen zwischen den bizarr geformten Felswänden. Eine Erkundung der Schlucht erfordert einige Überwindung, da die Wassertemperaturen selbst im Hochsommer nicht über 12 °C klettern. Als Belohnung winkt ein grandioses Naturerlebnis. Wer will, kann mit dem Aufzug (2,50 €) bequem in die Schlucht hinunterfahren. Gummistiefel, die bis zur Hüfte reichen, können beim Parkplatz für 5 € ausgeliehen werden. **(J 3)**

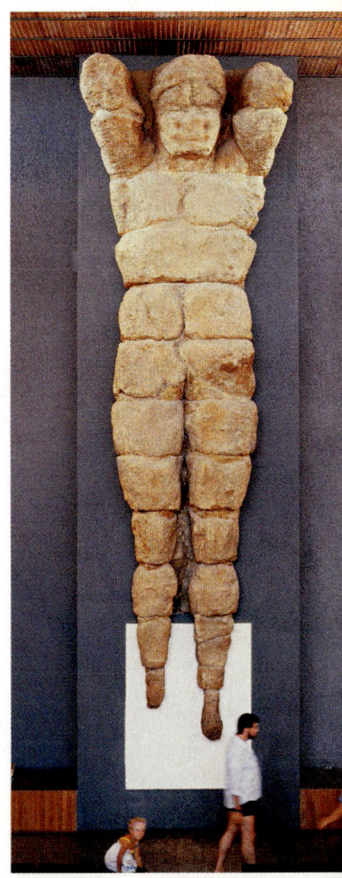

Tempelstütze: der Telamon im Museum von Agrigent

MERIAN | AGRIGENT

Tal der Tempel

Nirgendwo sonst in der griechischen Welt stand eine solch gewaltige Ansammlung heiliger Stätten

Der Name täuscht: die griechischen Tempel liegen nicht im Tal, sondern auf einem steil abfallenden Hügel unterhalb der heutigen Stadt Agrigent. Nähert man sich den antiken Bauten vom gebührenpflichtigen Parkplatz (1,50 Euro) über die Via dei Tempi, so trifft man im östlichen Tempelbezirk zuerst auf den **Heraklestempel**. Dieser wurde ca. um **500 v. Chr.** errichtet und war der größte und älteste Ringhallentempel der Stadt. Von der großen Ringhallenanlage stehen seit der Restaurierung 1923 wieder acht Säulen der Südseite.
Ein paar hundert Meter weiter prunkt der imposante **Concordia-Tempel** in der Sonne. Er hat die Wirren der Zeit nur deshalb so gut überstanden, weil er im 6. Jh. zur christlichen Kirche geweiht worden war. Er zählt zu den besterhaltenen Bauwerken der griechischen Antike und verkörpert die vollendete klassische Form dorischer Sakralarchitektur. Schon Goethe lobte seine „schlanke Baukunst". Der Concordia-Tempel verdankt seine filigrane Wirkung den ästhetischen Kenntnissen seiner Baumeister, die die Säulen im unteren Drittel leicht verbreiterten und so dem Tempel trotz seiner Größe Elastizität und Leichtigkeit verliehen.
Die Reihe schließt mit dem **Juno- oder Heratempel**, dessen erhabener Charakter schon Caspar David Friedrich gefiel. Immer wieder stößt man in dem weitläufigen Areal auf griechische und römische Nekropolen (Grabstätten). Auf der anderen Seite liegt der westliche Tempelbezirk. An den einstigen **Tempel des Zeus** erinnert nur ein Trümmerfeld, doch allein die Ausmaße (56,3 x 112,6 m) sind beeindruckend. Dieser größte dorische Tempelbau der Antike wurde 480 v. Chr. nach dem Sieg über die Karthager errichtet, die Säulen hatten einen Durchmesser von 4,05 m. Doch 406 v. Chr. zerstörten die Karthager die gesamte Stadt und den noch nicht vollendeten Tempel des Zeus. Die Skulpturen von 38 Telamonen (kraftvolle architektonische Trägerfiguren) stützten einst die Giebel. Der auf dem Gelände befindliche **Telamon** ist eine Kopie. Das Areal wird begrenzt von einem Heiligtum der Erdgottheiten mit zwei Altären und dem so genannten **Castor- und-Pollux-Tempel**. Seine vier Säulen, die über Eck wieder errichtet wurden und Teile vom Gebälk und Giebel tragen, sind das Wahrzeichen Agrigents.

(E 5) *Tgl. von 9 Uhr bis eine Stunde vor Sonnenuntergang, der östliche Tempelbezirk kann auch nachts besucht werden; Eintritt 6 €, östlicher Tempelbezirk Eintritt frei*

grenzenden archäologischen Park sind die Grundmauern eines antiken Stadtteils von Gela sowie die Reste eines Tempels zu sehen.
Corso Vittorio Emanuele 3
tgl. 9-18 Uhr, Eintritt 3 €

(J 6) Syrakus

Syrakus setzt sich aus zwei gegensätzlichen Stadtteilen zusammen: die Altstadt (Ortigia) und die von einem Neubaugebiet umgebenen antiken Ruinen (Siracusa-Neapoli). Die freundliche Altstadt mit ihren verwinkelten Gassen wurde auf dem hellen, harten Stein der Insel Ortigia erbaut. Ein Stück weit im Landesinneren befindet sich das Ruinenfeld aus griechisch-römischer Zeit.
Das griechische Theater und das römische Amphitheater liegen heute inmitten eines bis ans Meer reichenden Neubauviertels. Wer aus dem Norden anreist, bekommt am leichtesten einen Eindruck von der Größe und Bedeutung des antiken Syrakus. Das weit außerhalb des heutigen Stadtzentrums gelegene Castello Eurialo ist nämlich ein Teil der von Dionysios I. errichteten Verteidigungsanlagen mit einer 22 km langen Stadtmauer. Damals, vor 2400 Jahren, lebte eine halbe Million Menschen in Syrakus. Die Stadt war eine der mächtigsten des gesamten Mittelmeerraums. Der zum Dom umgebaute Athenatempel und das griechische Theater erzählen als steinerne Zeugen von dieser kulturellen Glanzzeit.

Basilica e Catacombe di San Giovanni

In der Nähe des Archäologischen Museums stehen die Reste der kleinen Kirche San Giovanni. Deren Katakomben stammen aus dem 4. und 5. Jh. Links und rechts einer als Hauptstraße dienenden Achse wurden Grabkammern in den Fels geschlagen. Bedeutende Personen bestattete man an kleinen Plätzen, damit die reliefgeschmückten Sarkophage besser zur Geltung kamen.
Mi-Mo 9.30-17 Uhr, Eintritt 5 €

Duomo Santa Maria delle Colonne

Die Kathedrale „Santa Maria von den Säulen" ist eine einzigartige Ergänzung von antiken Bauformen mit christlicher Sakralarchitektur (s. S. 6). Mit der Beseitigung der barocken Ausstattung erhielt der Dom seine mittelalterlich-antike Aura zurück. In einer der drei Kapellen des rechten Seitenschiffs befindet sich ein wertvolles, mit bronzenen Löwen verziertes Taufbecken (12./13. Jh.).
Tgl. 8-12 und 16-19 Uhr

Parco Archeologico

Der Archäologische Park von Syrakus umfasst mehrere antike Bauten aus verschiedenen Epochen. Zuerst trifft man auf den Altar Hieron II., eine riesige Opferstätte (23 x 198 m), auf der Zeus alljährlich 450 Stiere geopfert wurden. Das in den nackten Fels geschlagene griechische Theater gehört zu den größten der Antike.

Die Altstadt von Syrakus liegt auf der kleinen Insel Ortigia, durch nur zwei Brücken mit dem Festland verbunden

In den angrenzenden Steinbrüchen fristeten einst die Gefangenen von Syrakus ihr Dasein. Der Weg zum römischen Amphitheater, das beim Ausgang des Parks liegt, ist von Steinsarkophagen gesäumt. Im Inneren der großzügig bemessenen Anlage befindet sich ein Wasserbecken; es ist allerdings nicht bekannt, in welcher Form es in die Gladiatorenkämpfe einbezogen worden ist.
Tgl. von 9-18 Uhr, Theater bis 16.30 Uhr, Eintritt 6 €, Kombiticket mit Museo Archeologico und Museo Regionale 10 €

Museo Archeologico Regionale Paolo Orsi

In mehreren thematischen Sektionen gewährt die 1988 eröffnete Sammlung interessante Einblicke in die Vergangenheit. Zu sehen sind unter anderem das Skelett eines Zwergelefanten und die Marmorstatue der Venus Landolina, eine römische Kopie nach griechischem Vorbild.
Viale Teocrito 66
Di-Sa 9-18, Do 9-14 Uhr, Eintritt 6 €, Kombiticket mit Museo Regionale 6,50 €

Museo Regionale

Der Palazzo Bellomo, ein staufischer Adelspalast, beherbergt eine sehenswerte Kunstgalerie. Ausgestellt sind Gemälde, Skulpturen und sakrale Kunstgegenstände vom Mittelalter bis in das 18. Jh., darunter Werke von Antonello da Messina und Caravaggio. Kindern dürfte die Sammlung von Krippenfiguren aus dem 18. bis 20. Jh. Freude machen.
Via Capodieci 16
tgl. 9-14, Mi, Fr, Sa 15-19 Uhr Eintritt 4,50 €

(J 6) Noto

Die Überlebenden des Erdbebens von 1693 bauten ihre Heimatstadt auf einer Terrasse der südlichen Ausläufer der Monti Iblei prachtvoll wieder auf. (siehe auch S.116). 15 Paläste, 19 Klöster und 23 Kirchen wurden in wenigen Jahrzehnten errichtet. Besonders eindrucksvoll sind die Kathedrale San Nicolò und die Kirche San Francesco mit ihrer weit greifenden Freitreppe. Doch Noto ist eine sterbende Stadt, die barocke Pracht verfällt Stück für Stück. Wochenlange Regenfälle hatten auch noch die Kuppel der Kathedrale zum Einsturz gebracht, sie ist mittlerweile allerdings wieder aufgebaut worden. Da Noto mit den anderen Barockstädten des Südostens im Val di Noto im Jahre 2002 von der UNESCO zum Welterbe ernannt wurde, ist immerhin Besserung in Sicht.
30 km südlich von Syrakus

(J 5/6) Necropoli di Pantalica

Die Nekropolen von Pantalica liegen in einer der landschaftlich reizvollsten Regionen Südostsiziliens. Hier dürfte die größte vorgeschichtliche Siedlung Siziliens gestanden haben. Ein Fußweg erschließt das unwegsame Gelände, wobei man mehr als 100 der insgesamt 5000 Grabhöhlen besichtigen kann. In byzantinischer Zeit waren die Höhlen noch einmal kurzzeitig bewohnt.

DER WESTEN

(B 2) Trapani

Das Zentrum des wenig erschlossenen Westens erstreckt sich auf einer weit ins Meer hinausragenden Landzunge. Die gab ihr auch den Namen *drepanon* (gr. Sichel). Schon in der Antike war Trapani ein strebsames Handelsstädtchen. Der fruchtbare Küstenstreifen, intensive Handelsbeziehungen und die ausgedehnten Salinen mehrten den Reichtum Trapanis. Mit seinen knapp 80 000 Einwohnern ist es das bedeutendste Wirtschaftszentrum im Westen Siziliens, das den meisten Touristen allerdings nur als Sprungbrett zu den Ägadischen Inseln dient.

Museo Regionale Pepoli

Das Regionalmuseum schließt direkt an die Kirche Santuario dell' Annunziata an. Der Eingang liegt in der südöstlichen Ecke des aus dem 16. und 17. Jh. stammenden Kreuzgangs. Das Museum wurde nach dem Grafen Agostino Pepoli benannt, der im Jahre 1906 seine umfangreiche Privatsammlung dem Museum schenkte. Neben archäologischen Funden, Gemälden und Volkskunst besitzt das Museum auch so profane Dinge wie eine Guillotine. Zudem wird in mehreren

MERIAN | TIPP

Hinterland mit Hintergrund

Neun von zehn Sizilianern leben entlang eines Küstenstreifens von wenigen Kilometern Breite. Die Bevölkerung im Landesinnern konzentriert sich hauptsächlich auf große Dörfer. Einzelgehöfte oder Weiler gibt es so gut wie nicht. Grund: Die riesigen Ländereien gehörten Großgrundbesitzern, die ihr Land jeweils nur für wenige Jahre verpachteten. Die auf Profit bedachten Pächter bewirtschafteten die Felder wiederum mit Tagelöhnern, die heute hier, morgen dort eingesetzt wurden und von ihrem Heimatdorf oft stundenlang zu ihrem Arbeitsplatz unterwegs waren. Das noch aus der Spätantike stammende Latifundiensystem existiert mit Abstrichen bis heute und ist eine Ursache für die Armut der Insel.

Kaum Gehöfte, wenige Dörfer: das einsame Innere Siziliens

Räumen die für die Region typische künstlerische Verarbeitung von Korallen dokumentiert.
Via Conte A. Pepoli 200
Mo-Sa 9-13.30, So nur bis 12.30, Eintritt 4 €

(B 2) Erice

Das von den Elymern auf einem 751 m hohen Bergkegel gegründete Erice ist eine der ältesten Städte Siziliens. Aufgrund der Höhenlage sind die Temperaturen selbst im Hochsommer angenehm, die Fernsicht bis zu den Ägadischen Inseln ist überwältigend. Erice kann zudem mit einem grandiosen mittelalterlichen Stadtbild aufwarten.
15 km nordöstlich von Trapani

(C 3) Gibellina

1968 zerstörte ein schweres Erdbeben mehrere Dörfer im Bélicetal, darunter Gibellina. Die Bewohner mussten jahrelang vergeblich auf öffentliche Hilfe hoffen, Spendengelder in Höhe von zehn Millionen Euro verschwanden spurlos. Erst nach Jahren konnten sie rund 15 km weiter westlich in eine neue, von den Architekten sehr rational konzipierte Stadt (Gibellina Nuova) ziehen. Ein Teil der Ruinen (Ruderi di Gibellina) wurde von dem Bildhauer Alberto Burri in ein Kunstwerk verwandelt. Burri überzog die Ruinenlandschaft mit Beton und schuf so ein überdimensionales Denkmal.
60 km südöstlich von Trapani

(B 3) Marsala

Marsa al Allah, Hafen Gottes, wurde die Stadt von den Arabern genannt. Die Herstellung des weltberühmten Dessertweins Marsala hingegen wurde 1773 von dem Engländer John Woodhouse begründet, um dem Portwein Konkurrenz zu machen. Zahlreiche Weinkeltereien bieten Verkostungen an.
30 km südlich von Trapani

Museo Archeologico Baglio Anselmi

In den Räumen einer ehemaligen Weinkelterei am Capo Boeo. Das bedeutendste Ausstellungsstück ist ein fragmentarisch erhaltenes punisches Kriegsschiff aus dem 3. Jh. v. Chr. Zudem sind noch prähistorische Funde aus der Phönizierstadt Mózia ausgestellt.
tgl. 9-18 Uhr, Eintritt 3 €

(C 3) Segesta

Der Tempel von Segesta war einer der letzten großen Tempelbauten Siziliens. Er wurde um 425 v. Chr. von den Elymern begonnen, blieb aber unvollendet. Ein Stück weiter oben, am Rand des 431 m hohen Monte Barbaro, öffnet sich der Halbkreis des Amphitheaters. Von den 20 erhaltenen Sitzreihen bietet sich ein grandioser Blick über eine weite, fruchtbare Hügellandschaft bis hinunter zum Golfo di Castellammare.
40 km östlich von Trapani
tgl. von 9-18 Uhr, Eintritt 6 €

(C 4) Selinunt

Als Tochterkolonie im 7. Jh. v. Chr. von Siedlern aus Megara Hyblaea gegründet, hatte Selinunt in seiner Blütezeit mehr als 100 000 Einwohner. (s. S. 71). Die Tempel werden mit Buchstaben bezeichnet, da unklar ist, welchen Göttern sie geweiht waren.
65 km südlich von Trapani
Tempel von Selinunt: tgl. von 9 Uhr bis eine Stunde vor Sonnenuntergang, Eintritt 6 €

DAS INNERE

(G 4) Enna

Wie eine Aussichtsplattform liegt die Provinzhauptstadt mehr als 900 m hoch auf dem Rücken des Monte San Giuliano. Die strategisch günstige Lage und der Wasserreichtum der Umgebung machten den Bergrücken schon in frühester Zeit für Siedler attraktiv.
Wer Sizilien beherrschen wollte, musste Enna erobern. Heute gefällt Enna, die kleinste und höchstgelegene Provinzhauptstadt Siziliens, vor allem wegen ihrer ruhigen Atmosphäre und dem im Sommer sehr angenehmen Klima.

Castello di Lombardia

Bauwerk aus byzantinischen, normannischen und staufischen Elementen. Einer von drei Innenhöfen dient im Sommer als Freilichttheater.
Am Ende der Via Roma
tgl. von 9 Uhr bis eine Stunde vor Sonnenuntergang, Eintritt frei

Dom

Gotisches Querschiff und Apsiden, das Innere wurde im 16. Jh. umgebaut, wobei das Mittelschiff mit einer prächtig geschnitzten Holzkassettendecke versehen wurde. Das gusseiserne Gitter vor dem Taufbecken diente einst zum Absperren eines Harems.
tgl. 9-13 und 16-19 Uhr

Torre di Federico

Südwestlich des Zentrums steht in einem Park ein achteckiger Turm. Kaiser Friedrich II. soll hier astronomischen Beobachtungen nachgegangen sein.
tgl. 9-17 Uhr

(G 5) Caltagirone

Die Keramikstadt präsentiert sich im barocken Gewand. Die Araber begründeten die hiesige Tradition der Töpferkunst. Überall findet man Keramikgeschäfte und -werkstätten, gekachelte Häuserfassaden, Portale. Hauptattraktion ist eine Treppe, die sich über 142 Stufen zur Kirche Santa Maria del Monte hinaufzieht und mit bunten Keramikkacheln dekoriert ist.
60 km südlich von Enna

Museo della Ceramica

Keramik von der Antike bis zur Gegenwart.
Via Roma *tgl. 9-18.30 Uhr Eintritt 3 €*

(G 5) Piazza Armerina

Villa Romana del Casale

Wenige Kilometer südwestlich von Piazza Armerina liegt die Villa Romana del Casale. Mehr über die 3500 qm großen Mosaikflächen 30 km südlich von Enna auf S. 72.
tgl. von 9 Uhr bis eine Stunde vor Sonnenuntergang; Eintritt 6 €

Frisch gefischt, sofort verkauft: Der Schwertfisch kommt direkt vom Markt scheibenweise in die Pfanne

PALERMO

(c 2) Alla Fermata di Porta
Ansprechendes Restaurant beim Mercato del Capo mit täglich wechselnder Speisekarte.
Via Volturno 108
So, Mo-Mi abends geschl.

(d 4/5) Antica Focacceria San Francesco
Gegenüber der Kirche San Francesco d'Assisi wird man im Jugendstilinterieur auf einfache Weise verwöhnt. Zahlreiche Palermitaner suchen zu allen Tageszeiten den traditionsreichen Imbiss auf. *Focacce* sind übrigens lecker gefüllte Teigkrapfen.
Via Alessandro Paternostro 58
Tel. 091 32 02 64
Di geschl.

(c 2) Caffè Mazzara
Dass Tomasi di Lampedusa hier an seinem „Leoparden" geschrieben hat, ist Grund genug für einen Besuch. Man weiß im Caffè Mazzara aber auch köstliches Gebäck und *gelato* (Eis) zuzubereiten.
Via Generale Magliocco 19
Tel. 091 32 13 47

(d 4) Dal Maestro del Brodo
Bei Marktleuten beliebte Trattoria mit großer Auswahl an Vorspeisen. Ungewöhnlich: *linguine* mit Seeigeln.
Via Pannieri 7, Tel. 091 32 95 23
Fr und Sa auch abends geöffnet, So und im Jan. geschl.

(d 4) Shanghai
Nicht etwa ein chinesisches, sondern ein typisch palermitanisches Restaurant im ersten Stock. Das Flair auf der Terrasse ist einmalig, da sie direkt über dem lebhaften Vucciria-Markt thront.
Vicolo dei Mezzani 34
Tel. 091 58 97 02
So geschl.

(d/e 5) Stella
Die Trattoria im Innenhof eines alten Palazzo ist eine Oase der Ruhe. Erstklassige Gerichte, deshalb kann es schwierig werden, einen Platz zu ergattern. Spezialitäten: der pikant gefüllte Tintenfisch und als Vorspeisen die selbst gemachten Kroketten und Eierpfannkuchen.
Via Alloro 104
So, Mo und im Aug. geschl.

(F 2) CEFALÙ

L'Antica Corte
Kleiner Innenhof, gute Küche.
Corso Ruggero 193
Tel. 0921 42 32 28
tgl. geöffnet
Im Winter Do geschl.

Trappitu
In der ehemaligen Ölmühle speist man im Sommer auf der Terrasse über dem Meer.
Via Carlo Ortolani di Bordonaro 96
Tel. 0921 92 19 72
Do geschl.

(G 2) LIPARI

Filippino
Trotz großer Gartenterrasse wenig touristischer Betrieb. Die Küche des traditionsreichen Familienlokals verdient Lob.
Piazza Municipio 2-10
Tel. 090 98 11 002
Mo in der Nebensaison geschl.

Da Bartolo
Im Zentrum von Lipari fühlt man sich dank der freundlichen Atmosphäre schnell wohl.
Via Garibaldi 55
Tel. 090 98 11 700
Fr im Winter geschl.

Sangre Rojo
Auf der herrlichen Terrasse munden die abwechslungsreichen Spezialitäten besonders gut.
Quattropani di Lipari
Tel. 338 29 09 524
tgl. geöffnet

Am Abend
Ein beliebter Treffpunkt für Fremde und Einheimische ist der hübsche, kleine Platz vor dem *Aliscafi*-Hafen.

(K 2) MESSINA

Ristorante Sporting Alberto
Bekannter Anlaufpunkt für Gourmets, direkt am Meer. Phantasievolle Antipasti, guter Stockfisch.
Via Nazionale
Tel. 090 32 10 09 *Mo geschl.*

(J 3) TAORMINA

Grotta Azzurra
Das Restaurant ist auf gegrillte Meeresfrüchte spezialisiert. Das eisgekühlte, fangfrische Angebot kann man schon vor dem Eingang in Augenschein nehmen. Äußerst schmackhaft das abwechslungsreiche Vorspeisenbüfett.
Via Bagnoli Croci 2
Tel. 094 22 35 05

Maffei's
Die Einrichtung zeugt von einem begabten Innenarchitekten, die Leistungen der

MERIAN | TIPP

Schon gewählt?

Ob Sie einem *ristorante*, einer *osteria* oder *trattoria* den Vorzug geben, ist nebensächlich. Erwartet wird, dass Sie sich für ein komplettes Menü entscheiden. Dies besteht zumindest aus dem *primo piatto* – meist ein Nudelgericht – und dem *secondo piatto*, dem Hauptgang. Erweitert werden kann die Menüfolge mit *antipasti* (Vorspeisen), *contorni* (Beilagen) und einer *dolce* (süße Nachspeise). Für den *coperto* (Gedeck) wird in der Regel ein Betrag ausgewiesen, der unabhängig von der Bestellung zu zahlen ist. Möchte man mittags kein Restaurant aufsuchen oder meldet sich der kleine Hunger zwischendurch, bietet sich die *tavola calda* für einen preiswerten Imbiss an. Ein klassischer Imbiss: *arancine*, panierte Reisbällchen mit einer Füllung aus Erbsen und Fleisch.
Die Restaurants sind, sofern nicht anders angegeben, mittags von 12.30-14.30 Uhr und abends ab 19.30 Uhr geöffnet

Mit Fenchel an die Pasta oder mit Zitrone pur: Artischocken

MERIAN | SPEISEKARTE

Pasta und pesce

Das sizilianische Völkergemisch kocht mit römischer Schlichtheit und arabischer Raffinesse

Die Griechen brachten ihre Wein- und Olivenbaumkultur in die neuen Kolonien, die Römer machten Sizilien zur Kornkammer Italiens, den Arabern verdanken wir edle Gewürze. Und die Spanier brachten aus der Neuen Welt die Tomate mit, die heute, mit Auberginen, Kapern, Oliven und Sardellen, unverzichtbarer Bestandteil der sizilianischen Küche ist. Die Liebe zur Pasta verbindet die Sizilianer mit allen Italienern. Die Sizilianer haben allerdings ein besonderes Gespür, Teigwaren mit ausgesuchten Zutaten und erlesenen Kräutern zuzubereiten. Viele Gerichte verfeinern sie mit wild wachsendem Fenchel. In Palermo schwört man auf *pasta con le sarde:* Makkaroni mit Sardellen, Pinienkernen, Samen vom wilden Fenchel und Safran. Die *pasta alla Norma* stammt aus Catania. Mit Tomaten, Auberginen, Basilikum, Knoblauch und Ricotta huldigt sie Catanias berühmtestem Sohn Bellini und dessen Oper „Norma". Spaghetti mit Auberginen, Paprikaschoten und schwarzen Oliven stehen als *pasta alla siracusa* auf dem Menü. Einen ungewohnten Anblick bietet die mit dem Saft der Tintenfische schwarz gefärbte *pasta al nero di sepia*. Nur im äußersten Westen Siziliens macht der Couscous der Pasta bisweilen den Rang streitig – auch ein arabischer Import. Fast immer wird in Sizilien aber Couscous mit Fisch statt wie in Nordafrika mit Hammel serviert.

Fisch spielt in der sizilianischen Küche eine große Rolle. Der *pesce spada* (Schwertfisch) ist fast überall zu haben. Probieren sollten Sie *pesce spada alla ghiotta,* ein mit Zwiebeln, Knoblauch, Oliven und Kapern verfeinerter Schwertfisch. Ebenso häufig findet man *tonno* (Tunfisch) auf der Speisekarte. In Messina versteht man sich besonders gut auf die Zubereitung von *baccalà* (Stockfisch). Delikat angerichtete *sogliola* (Seezunge) oder *barbe* (Rotbarbe) haben auch auf Sizilien ihren Preis. Wer einmal weder auf gegrillten noch auf gebratenen Fisch Appetit hat, sollte die reichhaltige *zuppa di pesce*, die sizilianische Variante der Fischsuppe, kosten.

Die Fischspezialitäten sind so vielfältig und gut, dass Fleischgerichte in der traditionellen sizilianischen Küche zweitrangig sind. In den höheren Lagen, beispielsweise in den Bergdörfern der Madonie, wird mit Vorliebe Lamm zubereitet, aber auch Huhn, Schwein, Rind und Hammel kommen auf den Speiseplan. Eine Spezialität der Insel ist *farsumagru,* ein Rinder- oder Kalbsbraten, gefüllt mit Eiern, Käse, Salami und Zwiebeln.

Küchenchefs stehen dahinter aber nicht zurück. Hinreißende Gartenterrasse.
Via San Domenico de Guzman 1
Tel. 094 22 40 55

Am Abend
Der Corso Umberto verwandelt sich abends in einen illustren Boulevard der Eitelkeiten. Die **Wunderbar** an der Piazza IX. Aprile ist seit Jahren der beliebteste Treffpunkt. Die **Ziggy Bar** an der Piazzale San Domenico ist der bedeutendste Schwulentreff Taorminas. Wer beim Flirten gern den Sternenhimmel vor Augen hat, geht in den Open-air-Nightclub **Tout Va** in der Via L. Pirandello.

(J 4) CATANIA

Metro
Bodenständige sizilianische Küche, besonders zu empfehlen ist die *cipollata di tonno,* ein Zwiebelgericht mit Tunfisch. Gute Weinauswahl.
Via Crociferi 76
Tel. 095 32 20 98
Sa mittags und So geschl.

Pierrot Python Caffè
Ein bisschen American Bar, ein bisschen Restaurant. Schneller Service, freundliche Atmosphäre. Weiteres Plus: bis 3 Uhr nachts geöffnet.
Via Antonino di Sanguiliano 188
Tel. 095 715 05 55 *Mo geschl.*

(E 5) AGRIGENT

Atenea
Trattoria an einem kleinen Platz oberhalb der Via Atenea. Gute und günstige Fischgerichte, auch die Pasta ist empfehlenswert.
Via Ficani 32, Tel. 092 22 02 47
Sa und So geschl.

Le Caprice
Lohnende Adresse im nahen Badeort San Leone. Der Küchenchef versteht auch höchste Ansprüche zu erfüllen. Zahlreiche gute Weine aus der Region.
Via Cavaleri Magazzeni
Tel. 09 22 41 13 64

Leon d'Oro
Anspruchsvolle sizilianische Küche in angenehmem Ambiente unweit der antiken Tempelanlagen.
Viale Emporium 102
Tel. 09 22 41 44 00
Mo geschl.

Trattoria dei Templi
Klassische italienische Küche mit Schwerpunkt auf Fisch

as den Sizilianern heilig ist: die
ngfrau Maria, Padre Pio und ein
ıtes Risotto mit Meeresfrüchten

und Meeresfrüchten. Die gegrillten Tintenfische sind ein Genuss.
Via Panoramica dei Templi 15
Tel. 09 22 40 31 10
Juli und Aug. So geschl. sonst Fr geschl.

Am Abend
Das Nachtleben von Agrigent spielt sich in erster Linie im nahe gelegenen Badeort San Leone ab.

(J 6) SYRAKUS

Da Mariano
Gute Osteria mit rustikalem Flair in der Nähe der Fonte Aretusa.
Vicolo Zuccolà 9
Tel. 093 16 74 44
Di geschl.

Divina
Das schlichte Restaurant liegt in einer von der Piazza Archimede abzweigenden Gasse.
Via Dione 6 *Mi geschl.*

La Rambla
Durchgestyltes, etwas kühles Restaurant mit Bar.
Riva Garibaldi 4
Tel. 093 16 66 38
Mo geschl.

La Foglia
Kleine, liebevoll geführte Trattoria. Täglich wechselnde Gerichte, vegetarische und mediterrane Küche.
Via Capodieci 39
Tel. 093 16 62 33
Fr abends geschl.

Minosse
Küchenchef Antonio Viesetti erfüllt die höchsten Ansprüche.
Via Mirabella 6, Tel. 093 16 63 66
Mo und Nov. geschl.

Spaghetteria do Scogghiu
Bei rund 20 verschiedenen Spaghetti-Variationen hat man die Qual der Wahl.
Via Scina 11 *Mo geschl.*

Pasticceria Marciante
In der ältesten Konditorei von Sprakus beherrscht man noch das Handwerk der Zuckerbäckerei.
Via della Maestranza 39

Zsa
Schönes Ambiente, gute Küche; herausragend und preiswert das Fischmenü.
Via Roma 73-75, Tel. 093 12 22 04
Mo geschl.

(J 6) NOTO

Da Carmine
Die Trattoria ist ein typischer Familienbetrieb im Zentrum.
Via Ducezio 1a
Tel. 09 31 83 87 05
Mo geschl.

(B 2) TRAPANI

P & G
Das Restaurant gilt als der Feinschmeckertempel von Trapani.
Via Spalti 1, Tel. 09 23 54 77 01
So und im Aug. geschl.

Peppe
Die Einrichtung ist liebevoll verspielt, im Sommer mit schattiger Terrasse an der Straße. Raffinierte Küche, gute Pasta. Und auch vegetarische Menüs.
Via Spalti 50, Tel. 092 32 82 46
Mo, Mitte Aug.-Mitte Sept. geschl.

Trattoria del Porto
Wie der Name schon sagt: direkt am Hafen von Trapani. Ansprechende Küche mit arabischem Einfluss (Couscous) zu moderaten Preisen.
Via Ammiraglio Staiti 45
Tel. 09 23 54 78 22
Mo geschl.

(G 4) ENNA

Antica Hosteria
Die Trattoria in den ehemaligen Stallungen eines alten Palazzo ist für ihre deftigen Köstlichkeiten bekannt. Viele Fleischgerichte, auch Innereien.
Via Castagna 9
Tel. 093 52 25 21
Di und Mo abends geschl.

Centrale
Exquisite Nudelgerichte und freundlicher Service.
Piazza 6 Dicembre 9, Tel. 09 35 50 09 63
Sa mittags geschl.

(G 5) PIAZZA AMERINA

La Ruota
Unweit der Villa Romana del Casale bietet die rustikale Trattoria schmackhafte ländliche Kost.
Tel. 09 35 68 05 42
Okt.-Juli mittags geschl.

MERIAN | Wo Sie wohnen sollten

Villa oder Waschtrog

Schlicht heißt nicht schlecht, und zwei Sterne können besser sein als drei

Das Hotelgewerbe in den Tourismuszentren ist seit vielen Jahrzehnten darum bemüht, einen hohen Standard zu halten, ohne dabei den persönlichen Stil zu verlieren. Gleichwohl ist die Varianz von Qualität und Ausstattung breiter als in anderen Teilen Italiens. Sie können auch in Großstädten noch Hotels finden, die zwar antike Betten in riesigen Zimmern anbieten, aber ihren Gästen für die Körperpflege nur ein Waschbecken oder eine Gemeinschaftsdusche zumuten. Charmant kann auch das sein. Selbstverständlich finden sich aber überall Unterkünfte, die hohem internationalem Standard genügen. Doch sollte man sich nicht zu sehr von der Anzahl der Sterne leiten lassen. Ein niedrig eingestuftes Hotel kann einem höheren bezüglich Sauberkeit und Ausstattung durchaus überlegen sein, es fehlt eventuell nur ein Fernseher auf dem Zimmer. Das Bettenangebot ist recht ungleichmäßig über die Insel verteilt. In Palermo, Taormina, Agrigent und Cefalù hat man die Qual der Wahl, während das Angebot im Inselinneren bescheiden ausfällt. Wenn das Frühstück nicht schon im Zimmerpreis enthalten ist, sollten Sie dem Beispiel der Italiener folgen und einfach in die nächste Bar gehen.

Vor allem in den Küstenorten bieten die Hoteliers oft auch Halb- oder Vollpension an; in der Regel ist dies durchaus zu empfehlen, der Preis ist meist relativ günstig und die Küche gut.

Hotelverzeichnisse erhält man kostenlos bei den Tourismusämtern der jeweiligen Orte (AAST) oder Provinzen (AAPIT).

Urlaub auf dem sizilianischen Bauernhof

Auf der Beliebtheitsskala bewegt sich der Agriturismo, die italienische Variante des Urlaubs auf dem Bauernhof, immer weiter nach oben. Agriturismo bietet meist einen Komfort, der sich durchaus mit dem eines Mittelklassehotels vergleichen lässt.

(e 1) **Agriturist,** Via Alessio di Giovanni 14, 90140 Palermo
Tel. 091 34 60 46, www.agriturist.it

Apartments und Ferienwohnungen

Das Angebot ist breit – es reicht vom einfachen Villagio Turistico, einer Siedlung mit Ferienapartments, bis zur luxuriösen Villa in Alleinlage. Zumindest in der Hauptsaison muss man frühzeitig buchen, um sich die schönen Unterkünfte zu sichern. Zwar sind Ferienwohnungen nicht wesentlich billiger, sie ermöglichen aber einen freieren Tagesablauf. Die meisten deutschen Reiseveranstalter halten nur ein bescheidenes Kontingent an Ferienwohnungen und -häusern in Sizilien bereit. Eine Ausnahme bildet der Sard Reisedienst, dessen Angebot von exklusiven Villen bis zu schlichten Ferienwohnungen reicht.

Sard Reisedienst, Erwin-Reuth-Str. 1, 55257 Budenheim
Tel. 06 13 97 66, Fax 061 39 14 88, www.sard.de

Kleinanzeigen im Reiseteil überregionaler Zeitungen sind eine Alternative. Die dort angebotenen Feriendomizile sind meist günstiger, da keine Vermittlungsprovision erhoben wird. Treten mit Vermietern Probleme auf, ist es allerdings schwierig, Regressansprüche geltend zu machen. Die Mietdauer beträgt normalerweise eine bis mehrere Wochen, wobei als An- und Abreisetag der Samstag gilt.

PALERMO

(b/c 4) **Centrale Palace**
Gleich in der Nähe der Kathedrale gelegen, empfiehlt sich das renovierte Hotel als stilvolle Unterkunft. Die hohen Räume und Säulen erinnern daran, dass das Haus als Adelspalast erbaut wurde.
Via Vittorio Emanuele 327
Tel. 091 33 66 66, Fax 33 48 81
www.centralepalacehotel.it
104 Zimmer €€€€

(e 1) **Grand Hotel Villa Igiea**
Eines der schönsten Hotels Siziliens. Vom Jugendstilmobiliar bis zum Service lässt die Villa Igiea keine Wünsche offen. Mit weitläufigem Park und Schwimmbad.
Salita Belmonte 43
Tel. 09 31 97 10 18
Fax 09 152 32 03
www.cormorano.net/sgas/villaigea *218 Betten* €€€€

(e 4) **Letizia**
Nach einer umfangreichen und geschmackvollen Renovierung gehört das zentral gelegene Hotel zu den empfehlenswertesten Unterkünften in dieser Preisklasse.
Via Bottai 30
Tel./Fax 091 58 91 10
www.hotelletizia.com
28 Betten €€

(c 6) **Sausele**
Das für seine Preisklasse sehr gepflegte Hotel liegt in der Nähe des Bahnhofs. Garage gegen Aufpreis.
Via Vincenzo Errante 12
Tel. und Fax 09 16 16 13 08
www.hotelsausele.it
62 Betten €€

(F 2) CEFALÙ

Kalura
Zu dem freundlich geführten Hotelkomplex in der Nähe des

 Die großen Lettern (D 2) beziehen sich auf die MERIAN-Karte auf Seite 131, die kleinen (e 1) auf den Stadtplan S. 130

Hotel Timeo, Taorminas erste Adresse in wunderschöner Lage

Hafens gehört neben Tennisplatz und Swimmingpool auch ein eigener Sandstrand.
Via Vincenzo Cavallaro 13
Tel. 09 21 42 13 54
Fax 09 21 42 31 22
www.hotel-kalura.com
117 Betten €€€

(F/G 2) CASTEL DI TUSA

Museo Albergo l'Atelier sul Mare
Ein Hotel als Gesamtkunstwerk. Jedes Zimmer wurde von einem zeitgenössischen Künstler gestaltet.
Via Cesare Battisti 4
98079 Castel di Tusa
Tel. 09 21 33 42 95
Fax 09 21 33 42 83
www.ateliersulmare.it
100 Betten €€€

Himmlisch schlafen: Das Hotel Gran Bretagna auf Ortigia

(G 2) LIPARI

Carasco
Modernes Hotel mit einem ungewöhnlich geformten Swimmingpool. Fast alle Zimmer mit Terrasse und schönem Meerblick.
Via Porto delle Genti
98055 Lipari
Tel. 09 09 81 16 05
Fax 09 09 81 18 28
www.carasco.it *163 Betten, Nov.-März geschl.* €€€

Augustus
Zentral gelegen, mit schön begrüntem Innenhof. Die Atmosphäre ist angenehm persönlich.
Via Ausonia, 98055 Lipari
Tel. 09 09 81 12 32
Fax 09 09 81 22 33
www.villaaugustus.it *58 Betten, Nov.-Feb. geschl.* €€

(K 2) MESSINA

Royal Palace
Komfortables, nüchternes Hotel in einem modernen Gebäude unweit des Fährhafens.
Via T. Cannizzaro Is. 224
Tel. 090 65 03
Fax 09 02 92 10 75
174 Betten €€€

Cairoli
Das sympathische Hotel mit begrüntem Wintergarten liegt an einer befahrenen Straße zwischen Dom und Fährhafen an der Piazza Cairoli.
Viale San Martino 63
Tel. und Fax 090 67 37 55
www.hotel-cairoli.com
92 Betten €€

(J 3) TAORMINA

Grand Hotel Timeo
Das beste Haus Taorminas gegenüber dem griechischen Theater. In dem Haus mit großem Park wohnten schon Anatole France, D.H. Lawrence, Guy de Maupassant, Sciascia, Pirandello und Guglielmo Marconi.
Via Teatro Greco, 59
Tel. 09 422 38 01
Fax 09 42 62 53 13
reservation.tim@framon-hotels.it
80 Betten €€€€

San Domenico Palace
Nobelherberge in einem 1430 erbauten Klostergebäude. Mit Swimmingpool und einmaliger Aussicht. Feinschmecker sind sich darüber einig, dass das Restaurant dem Hotel in nichts nachsteht.
Piazzale San Domenico 5
Tel. 09 42 61 31 11
Fax 09 42 62 55 06
www.sandomenico.thi.it
177 Betten €€€€

Villa Ducale
Erst unlängst wurde die alte Patriziervilla in ein stilvolles Hotel umgewandelt. Der Rundblick von den Zimmern und der Panoramaterrasse sucht seinesgleichen.
Via Leonardo da Vinci 60
Tel. 094 22 81 53
Fax 094 22 87 10
www.villaducale.com
16 Betten; Mitte Jan. bis Ende Feb. geschl. €€€

Villa Igiea
Kleines Hotel in einer Villa der vorletzten Jahrhundertwende an der Straße nach Castelmola. Originalgetreue Einrichtungen aus den 30er Jahren.
Via Circonvallazione 28
Tel. 09 42 62 52 75
Fax 09 42 62 98 63
www.villaigiea.com
24 Betten €€

Villa Schuler
Das von einem ruhigen und gepflegten Garten umgebene Hotel wurde 1905 von einem Deutschen gegründet. Viele Stammgäste, rechtzeitig reservieren!
Piazzetta Bastione 2
Tel. 094 22 34 81
Fax 094 22 35 22
www.villaschuler.com

Preiskategorien
Preise für eine Übernachtung im Doppelzimmer mit Frühstück in der Hauptsaison.
€ bis 70 €
€€ bis 150 €
€€€ bis 220 €
€€€€ über 220 €

La Pergola auf Stromboli

MERIAN | TIPP

Genuss unter dem Vulkan

Direkt oberhalb einer bezaubernden Strandbucht liegt eines der schönsten privaten Feriendomizile im exklusiven Ortsteil Piscità auf der Vulkaninsel Stromboli. „La Pergola" ist eine große rustikale und sehr liebevoll restaurierte Sommervilla, ausgestattet mit Einzelstücken alter sizilianischer Handwerkskunst und einem mediterranen Wohnkomfort von hohem Niveau. Von den Terrassen genießt man den Blick über das weite Tyrrhenische Meer und im Rücken erhebt sich die gigantische Kulisse des Vulkans. Ungezwungenes, maritimes Leben, fernab vom Massentourismus. **(G 1)**
www.stromboli-ferienhaus.de

47 Betten, Mitte Nov.-Mitte März geschl. €€

(J 4) CATANIA

Royal
Kleines, charmantes Hotel in einem alten Palazzo in der Nähe der Via Crociferi. Die Terrasse bietet einen wunderschönen Blick über Catania.
Via Antonino di Sangiuliano 337
Tel. 095 250 33 47
www.hotelroyalcatania.it
18 Betten €€

Hotel Savona
Komfortables, sehr zentral gelegenes Hotel, dessen Zimmer erst unlängst renoviert wurden.
Via Vittorio Emanuele 210
Tel. und Fax 095 32 69 82
www.hotelsavona.it
60 Betten €€

(E 5) AGRIGENT

Baglio della Luna
Herrlich einsam gelegenes Hotel in einem restaurierten Herrensitz. Ein besonderes Lob verdient auch das zugehörige Restaurant.
Contrada Maddalusa
Tel. 09 22 51 10 61
Fax 09 22 59 88 02
www.bagliodellaluna.com
48 Betten €€€

Bella Napoli
Einfaches, jüngst restauriertes Hotel inmitten der Altstadt am Ende der Via Atenea.
Piazza Lena 6
Tel. und Fax 092 22 04 35
www.hotelbellanapoli.com
67 Betten €

(J 6) SYRAKUS

Domus Mariae
Angenehmes Stadthotel im Herzen der Altstadt.
Via Vittorio Veneto 76
Tel. 093 12 48 58
Fax 093 12 48 59
www.sistemia.it/domusmariae
45 Betten €€€

Fontane Bianche
Modernes Hotel 15 km westlich von Syrakus mit schönem Sandstrand, Swimmingpool, Kinderspielplatz.
Via Mazzarò 1
Tel. 09 31 79 06 11
Fax 09 31 79 05 71
www.ventaglio.com
308 Betten; von Okt.-Mitte März geschl. €€€

Grand Hotel
Seit der Renovierung 1995 wird das Grand Hotel seinem Namen wieder gerecht.
Viale Mazzini 12
Tel. 09 31 46 46 00
Fax 09 31 46 46 11
www.grandhotelsr.it
105 Betten €€€

Gran Bretagna
Das freundliche, verschachtelte Hotel auf der Insel Ortigia ist seit seiner Renovierung eine empfehlenswerte Unterkunft im Zentrum.
Via Savoia 21
Tel. und Fax 093 16 87 65
www.hotelgranbretagna.it
19 Betten €€

(B 2) TRAPANI

Crystal
Gleich beim Bahnhof steht das beste Hotel der Stadt.
Piazza Umberto I.
Tel. 092 32 00 00
Fax 092 32 55 55
www.framon-hotels.com
151 Betten €€€

Messina
Freundliche Pension in einem alten Palazzo mit ruhigem Innenhof mitten in der Altstadt.
Corso Vittorio Emanuele 71
Tel. und Fax 092 32 11 98
18 Betten €

(B 2) ERICE

Elimo
Alle Zimmer des Hotels tragen mythologische Namen und sind geschmackvoll eingerichtet. Der alte, umgebaute Palast besitzt einen netten Innenhof sowie eine Aussichtsterrasse. Schönstes Hotel des Bergorts.
Via Vittorio Emanuele 75
Tel. 09 23 86 93 77
Fax 09 23 86 92 52
www.hotelelimo.it
57 Betten €€€

Baglio Santa Croce
Der zum Hotel umfunktionierte historische Landsitz bietet viel Komfort mit rustikalem Ambiente. Abkühlung findet man im Swimmingpool.
Contrada Santa Croce, 91019 Valderice; Tel. 09 23 89 11 11
Fax 09 23 89 11 92
www.bagliosantacroce.it
67 Zimmer €€

(G 4) ENNA

Grande Albergo Sicilia
Das einzige Hotel im Zentrum von Enna wird ordentlich geführt und hat einen schönen Ausblick.
Piazza Colajanni 5
Tel. 09 35 50 08 50
Fax 09 35 50 04 88
www.hotelsiciliaenna.it
139 Betten €€

(G 5) PIAZZA AMERINA

Mosaici
Ansprechendes Hotel nahe der Villa Romana del Casale.
Contrada Paratore
Tel. 09 35 68 54 53
1.-24. Dez. geschl.
24 Betten €

AM ÄTNA

Wandern

Ob Sonnenaufgang in luftigen Höhen oder Kräutersammeln in vulkanischen Landschaften – Wanderfreunden stehen unzählige Möglichkeiten offen, den Ätna aktiv zu erleben. Um Informationen über den Vulkanismus sowie den Ätna und seine letzten Ausbrüche im Besonderen aus erster Hand zu erhalten, bieten sich geführte Touren an. Einige Guides leiten ihre Gruppen noch im Dunkeln zu den Gipfelkratern, um sie dann mit einem Sonnenaufgang auf 3314 m Höhe und einem Panoramablick auf ganz Sizilien zu belohnen. Andere bieten Touren an, auf denen zwischen den Wanderetappen Kreativpausen eingelegt werden: zum Malen oder um Kräuter zu sammeln.

Von **Tages- bis Wochentouren** und leichtem bis anspruchsvollem Schwierigkeitsgrad wird alles angeboten. Eine gute Ausrüstung, vor allem hohe Wanderschuhe, sind ein Muss; einige Touren setzen eine gute gesundheitliche Verfassung voraus. Menschen mit Kontaktlinsen müssen sich bei Wind auf viel vulkanischen Staub in der Luft einstellen. Wer sich auf eigene Faust aufmachen möchte, kann sich auf den Wanderwegen des etwa 58 000 ha großen Regionalparks *Parco dell'Etna* austoben.
Highlights: die Gipfelkrater, die *Grotta del Gelo* (Gletschergrotte), das *Valle del Bove* (Ochsental), die *Crateri Silvestri*.
Schöne und auf Wunsch individuell zugeschnittene Touren bietet der diplomierte Schweizer Vulkanführer Andrea Ercolani:
SICILTREK
di Andrea Ercolani
Via Marconi, 27
(J 3) 95010 Sant'Alfio
Tel. 095 96 88 82
mobil: 34 88 53 03 10
info@siciltrek.it
www.siciltrek.ch
Preise: 62 € p.P. für Gruppentagestour, 320 € pro Gruppe (bis 10 Pers.) plus Bergbahnen. Preise können variieren.
Touren mit kreativen Pausen gibt es bei naturatours:
Margrit Hottenrott
Friedrichstraße 118a
38855 Wernigerode
Fax (039 43) 63 30 99
naturatours@gmx.net
www.naturatours.de
Preise: 1150 € p. P. (bei Gruppen von 10-15 Personen) für 8-Tage-Tour (6 Übernachtungen); inkl. Unterkunft, Verpflegung, Mal-Utensilien, Bergführung, Transfer.
Verwaltung des Ätna-Parks:
Parco dell'Etna
Via del Convento, 45
(J 4) 95030 Nicolosi
Tel. 095 82 11 11
www.parcoetna.ct.it.

Skifahren

Von Dezember bis April verwandelt sich der Ätna in zwei Wintersportgebiete: Etna Nord und Etna Süd. In Höhenlagen um 1 800 m carven jährlich etwa 20 000 Ski- und Snowboardfahrer die Hänge des Vulkans hinunter. Zwar ist der Ätna als winterlicher Tummelplatz wenig bekannt, doch die Chance auf eine Abfahrt von schneebedeckten Kratern Richtung sommerlicher Mittelmeerstrände bekommt man so leicht kein zweites Mal.
Anfahrt Ätna Nord: Die Straße via Sant'Alfio oder Linguaglossa bis zur zerstörten Talstation Piano Provenzana auf 1900 m ist wieder hergestellt. Die Wanderung auf den Gipfelkrater dauert sechs bis acht Stunden. Man kann aber auch mit Offroad-Bussen auf 2800 m (im Sommer 3000 m) hochfahren.
Etna Süd: Anfahrt per Auto via Zafferana oder Nicolosi bis Cantoniera/Rifugio Sapienza (Talstation, 1920 m). Öffentlicher Bus ab Catania (Abfahrt 8 Uhr beim Busbahnhof, zurück ab Sapienza um 16.15 Uhr. Mit der Gondelbahn bis auf 2500 Meter hoch und mit Offroad-Bussen bis *Torre del Filosofo* (2900 m) fahrbar.
Retourfahrt 42,50 €. Nur Seilbahn 23 €. Aufstieg zu Fuß zum Hauptkrater: Ab Torre 1,5 bis 2 Stunden. Ab Seilbahnbergstation 2,5 bis 3 Stunden. Abstieg zurück bis Torre rund 1 Stunde, ganz hinunter zur Talstation etwa 3 Stunden.

Paragliden

Wenn der (nicht immer einfache) Start einmal geklappt hat, kommen Paraglider voll auf ihre Kosten und können den spektakulären Blick auf die vulkanische Kraterlandschaft aus der Vogelperspektive genießen. Weniger erfahrenen Gleitschirmfliegern stehen die einheimischen Kollegen mit Rat und Tat zur Seite.
Zwei Startplätze:
Etna Osservatorio (2800 m), **Talort:** *Linguaglossa* (563 m), Startrichtungen: N, NO, O, GPS Berg: 37° 48' 0" N, 15° 02' 16" O. Sovarita (685 m), Talort: Vizzini (490 m), GPS Tal: 37° 09' 44" N, 14° 47' 40" O.
Weitere Informationen unter **www.paragliding365.com**

Schmalspurbahn

Wer es lieber gemütlich mag, kann sich den Vulkan vom Bahnfenster aus anschauen. In einem 110 km langen Bogen fährt die *Ferrovia Circumetnea* von Catania über Paternò, Bronte, Randazzo und Linguaglossa bis nach Riposto um den Ätna herum. Die Fahrt kann beliebig unterbrochen werden. Der erste Streckenabschnitt der 950 mm-Schmalspurbahn wurde bereits 1895 eröffnet, mittlerweile ist die Schließung des Rings um den Ätna geplant.
Eine einfache Fahrt für die gesamte Strecke kostet 5,65 €, ermäßigt 4,50 €; Tickets gibt's an allen Bahnhöfen auf der Strecke. Reisezeit gut drei Stunden.

STRÄNDE

Dass Sizilien auf einer Höhe mit Nordafrika liegt, merkt man nicht nur an der Südküste. Bereits Mitte Mai erreicht die Wassertemperatur in Sizilien die 20-Grad-Marke. An allen Sandstränden ist das Baden noch Anfang November möglich. An der Westküste zwi-

Schön aber selten: Sandstrände in San Vito lo Capo

Im Winter entstehen am Ätna zwei große Skigebiete für Tourengeher und Abfahrer

schen Trapani und Marsala gibt es leider kaum Strände, die zum Baden einladen. Die Ägadischen Inseln im Westen rühmen sich ebenso wie die anderen Sizilien vorgelagerten Inseln ihrer hervorragenden Wasserqualität, aber auch dort gibt es kaum Sandstrände. Von den ca. 1200 Küstenkilometern sind längst nicht alle zum Baden geeignet. Einerseits verwehren steil aufragende, unzugängliche Küstenabschnitte den Zugang, andererseits ist vom Baden in der Industrieregion zwischen Palermo und Termini Imerese sowie bei Milazzo im Nordosten der Insel aus gesundheitlichen Gründen abzuraten. Und auch die Ostküste ist alles andere als ein Badeparadies. Abgesehen von dem regen Schiffsverkehr in der Straße von Messina ist die zwischen Augusta und Syrakus heimische chemische Industrie für die starke Wasserverschmutzung verantwortlich. Im Süden sollte man Gela und Porto Empedocle meiden.

(C 2) Castellammare del Golfo
Der Strand in der Hafenbucht ist nur bedingt zu empfehlen. Wesentlich sauberer und leerer sind die ausgedehnten Strände östlich des Ortes, die man größtenteils nur zu Fuß erreichen kann.

(H 2) Capo Calavà
Zwischen einem mächtigen Felsklotz und Gioiosa Marea liegt eine breite Kiesbucht, die mit einer hervorragenden Wasserqualität und einer schönen Naturszenerie Badende begeistert. Ideales Revier für Taucher.

(F 2) Cefalù
Kein anderer Strand Siziliens besitzt ein ähnlich aufregendes Panorama. Wenn die Stadt mit ihrem Normannendom vor dem mächtigen Felsmonolith im Sonnenlicht glänzt, könnte man sogar fast das Meer vergessen. Ein weiteres Plus: Der Strand von Cefalù wird hervorragend gepflegt. Aber Vorsicht: Bei hohem Wellengang kann es zu gefährlichen Strömungen kommen.

(D 5) Eraclea Minoa
Der lang gestreckte honiggelbe Strand und das türkisfarbene Wasser vor den Kreidefelsen von Eraclea Minoa haben einen hervorragenden Ruf. Selbst in der Hochsaison ist der Strand nicht überfüllt, da er sich über 10 km bis nach Siculina Marina erstreckt. Die idyllische Szene hat jedoch einen kleinen Makel: Durch Strömungsänderungen werden immer wieder Teile des Sandes vom Meer abgetragen, der Strand wird immer schmaler.

(A 3) Favignana
Sandstrände findet man auf Favignana nicht sehr häufig. Die Cala Azurra an der Südküste ist eine schöne Bucht mit einem schmalen Sandstreifen.

(J 6) Fontane Bianche
Die Bucht von Fontane Bianche bietet einen der schönsten Strände im Südosten. Da die Syrakuser ihn als Hausstrand betrachten, liegen die Sonnenanbeter im August und an den Wochenenden dicht an dicht. Große Teile des Sandstrands sind in der Hand von „stabilimenti" (das sind gebührenpflichtige Badeanstalten). Mehrere Kilometer weiter westlich schließen sich unberührtere Strände an.

(G 7) Lipari/Äolische Inseln
Rund um Lipari und die anderen Äolischen Inseln ist das Baden und Tauchen eine wahre Freude. Denn das Wasser ist klar und sauber – auch die Unterwasserflora gedeiht hier noch prächtig.

(G 7) Marina di Ragusa
Zwischen Marina di Ragusa und Marina di Modica erstrecken sich kilometerlange Sandstrände. Es gibt auf Sizilien sicher schönere Badeplätze, doch sind die Strände hier im Süden touristisch so gut wie unerschlossen.

(C 4) Marinella di Selinunte
Nahe dem freundlichen Hafenstädtchen liegen zwei nette Sandstrände. An den östlichen und schöneren von beiden grenzt ein Pinienwäldchen, das im Sommer aber leider von Picknickabfällen verdreckt ist. Wer etwa einen Kilometer weit am Strand entlang läuft, ist allerdings so gut wie ungestört.

(D 2) Mondello
Zwar macht die Bucht im Villenvorort von Palermo einen schönen Eindruck, doch ist es mit der Wasserqualität nicht zum Besten bestellt – Palermo ist allzu nah.

(J 2) Oliveri
Unterhalb der antiken Stadt Tyndaris liegen wunderschöne weiße Sandstrände. Man muss zwar eine knappe Stunde Fußmarsch von Oliveri in Kauf nehmen, doch es lohnt sich. Wichtig: auf jeden Fall sollte man Sonnenschutz und Getränke mitbringen! Es gibt keine Einkaufsmöglichkeit.

(G 1) Panarea
Panarea, eine der kleineren der Liparischen Inseln, besitzt mehrere schöne Strände. Besonders idyllisch ist die von bizarr geformten Felsen eingerahmte Cala Junco.

(B/C 2) Riserva Naturale dello Zingaro
Mehrere verträumte Buchten mit glasklarem Wasser reihen sich entlang der Küste des ältesten Naturparks der Insel. Im Hochsommer sind die kleinen Steinstrände überfüllt.

(E 5) San Leone
Der Badeort bei Agrigent besitzt ausgedehnte Sandstrände. Künstliche Wellenbrecher sorgen dafür, dass auch Kleinkinder problemlos in Strandnähe spielen können.

(B 2) San Vito lo Capo
Der Badeort am Capo San Vito wird gerne von Familien mit Kindern besucht. Die Strände sind sauber und die Wasserqualität ist ausgezeichnet.

(J 3) Taormina
Die Strände des Badeorts Mazzarò sind überfüllt und fast ausschließlich von dem Mobiliar gebührenpflichtiger Badeanstalten besetzt. Ruhiger geht es hingegen in Letojanni zu.

Palermo per pedes

Anstrengend, aber lohnend: ein Spaziergang zu den wichtigsten Sehenswürdigkeiten der Hauptstadt

Palermo auf einem einzigen Spaziergang zu erkunden ist ein schwieriges Unterfangen, da die Sehenswürdigkeiten über die gesamte Stadt verteilt sind. Auf der hier beschriebenen Strecke, für die Sie je nach Tempo und Besichtigungsprogramm einen halben bis ganzen Tag benötigen, kommen Sie an einigen der wichtigsten Bauwerke vorbei.

Die **Porta Nuova**, im 16. Jh. zur Erinnerung an den siegreichen Feldzug Kaiser Karls V. gegen Tunis errichtet, ist ein würdiges Eingangstor zur größten Stadt Siziliens. Das Tor schließt sich direkt an den **Palazzo dei Normanni** an, dessen Hauptattraktion die **Cappella Palatina**, die Hauskapelle von Roger II., mit ihren einzigartigen Mosaiken und Ornamenten ist. Nur einen Steinwurf entfernt steht die Kirche **San Giovanni degli Eremiti** etwas versteckt in einem Park. Durch die Grünanlage **Villa Bonanno** gelangt man zur **Cattedrale**. Deren Stilgemisch aus arabischer, normannischer und barocker Baukunst ist zwar nicht sehr ansehnlich, aber dafür kann man an den Särgen König Rogers II. und des deutschen Kaisers Friedrich II. eine Gedenkminute einlegen.

Dem viel befahrenen und lauten Corso Vittorio Emanuele nach Norden folgend, stößt man auf die **Quattro Canti**. Dieser von vier sich gleichenden, konkav gewölbten Häuserfassaden begrenzte Platz liegt am Schnittpunkt der Hauptverkehrsstraßen. Er wurde zu Beginn des 17. Jhs. vom römischen Architekten Giulio Lasso gestaltet. Von hier aus bietet sich der Besuch eines nahe gelegenen Marktes, beispielsweise des **Ballarò** oder der **Vucciria**, an.

Wer noblere Geschäfte vorzieht, schlendert am klassizistischen **Teatro Massimo** vorbei zur Via Ruggero Settimo. Die Straße endet an der Piazza Castelnuovo; dort befindet sich auch die **Galleria d'Arte Moderna**. Auf dem Rückweg über die Via Roma lohnt ein Abstecher zum rechter Hand gelegenen **Museo Archeologico Regionale**. Von den Anstrengungen erholt man sich am besten zwischen den exotischen Pflanzen des weitläufigen **Orto Botanico** oder im angrenzenden Stadtpark **Villa Giulia**.

H 7
D 2
D 2
C 4
B 3
E 4
J 3
J 6
J 4
J 6
J 2
D 4
H 6
D 2
A 7
D 2
J 3
G 5
E 5
H 7
D 3
E 5
H 6
H 3
D 4
F 5
J 3
J 3
Zingaro ... B/C 2
C 3
E 5
tra ... G 2
B 2
J 3
o ... J 7
C 3
C 4
D/E 2
J 5
G 1
J 6
J 3
B 2
J 2
D 1
E 5
J 3
ale ... G 5
G 6
H 6
J 3/4

Garibaldi besiegt die Bourbonen: Seit 1861 gehört Sizilien zu Italien

GESCHICHTSDATEN

Die frühe Historie Siziliens wird auf den Seiten 68 bis 81 beschrieben

1266 Papst Clemens IV. ernennt Karl I. aus dem Haus Anjou zum König.
1282 Sizilianische Vesper: Aufstand gegen den unbeliebten König Karl I. von Anjou. Neuer König wird der mit einer Staufertochter verheiratete Peter III. aus dem spanischen Haus Aragon. Sizilien wird politisch vom übrigen Italien abgetrennt.
1302 Im Frieden von Caltabellotta endet der langwierige, durch die Sizilianische Vesper eingeleitete Krieg.
1434 In Catania wird die erste Universität Siziliens gegründet.
1442 Unter Alfons V. von Aragon wird Sizilien mit dem Königreich Neapel vereint.
1516 Durch den Habsburger Karl V. werden die Geschicke Siziliens noch enger mit Spanien verknüpft.
1669 Ein heftiger Ausbruch des Ätna fordert 20 000 Todesopfer.
1693 Ein gewaltiges Erdbeben richtet im Osten Siziliens enorme Schäden an. Noto und Modica werden fast vollständig zerstört, große Teile von Siracusa und Ragusa ruiniert, Catania wird in einen Steinhaufen verwandelt. Der Wiederaufbau erfolgt im prachtvollen Barockstil.
1767 Der deutsche Baron von Riedesel erkundet die Insel. Sechs Jahre später folgt Patrick Brydones Reisebuch, das Sizilien als hochgradig romantische Insel lobt.
1860 Giuseppe Garibaldi landet mit 1000 schlecht bewaffneten Kämpfern auf Sizilien. In kurzer Zeit gelingt es ihm, die Insel von der Bourbonenherrschaft zu befreien, um ein geeintes Italien herbeizuführen.
1861 Durch einen Volksentscheid wird Sizilien Teil des Königreichs Italien. Weiterhin herrscht große Armut.
ab 1880 Bedingt durch wirtschaftliche Not, wandern bis zum Ersten Weltkrieg mehr als 1,5 Millionen Sizilianer aus.
1908 Die Stadt Messina wird von einem Erdbeben zerstört, das 80 000 Todesopfer fordert.
1922-1943 Faschismus auf Sizilien. Mussolini erklärt der Mafia den Kampf, doch modifiziert er letztendlich die mafiosen Methoden nur in seinem Interesse.
1943 Die alliierten Streitkräfte landen am 10. Juli in der Nähe von Gela.
1946 Italienweit entscheiden sich 54,3 % für die republikanische Staatsform. Die Regierung in Rom gesteht Sizilien den Status einer teilautonomen Region im italienischen Staatsverband zu.
ab 1950 Zahlreiche Sizilianer suchen wegen Arbeitslosigkeit ihr Glück in Deutschland und der Schweiz.
1992 Die Ermittlungsrichter Giovanni Falcone und Paolo Borsellino werden von der Mafia ermordet.
1993 Der bekannte Mafiaboss Totò Riina wird im Januar in Palermo verhaftet. Die Attentate auf Falcone und Borsellino sollen auf sein Konto gehen.
1997 Das Tal der Tempel von Agrigent und die Villa Romana del Casale werden in die Liste der Welterbegüter der UNESCO aufgenommen.
2006 Der Mafiaboss Bernardo Provenzano wird bei Corleone festgenommen.

ANREISE

Mit dem Auto
Die Autobahn ist auf dem Festland gebührenpflichtig. Mautkosten ab Brenner bis Salerno: rund 55 €. Die Höchstgeschwindigkeit auf Landstraßen beträgt 90 km/h, auf Autobahnen je nach Hubraum zwischen 110 und 130 km/h (über 1100 ccm). In Italien besteht Gurtpflicht und es gilt die 0,5-Promille-Grenze. Zudem herrscht Lichtpflicht auf allen Straßen. Auch eine Warnweste ist vorgeschrieben. Die lange Fahrt (München – Messina 1600 km) lohnt nur, wenn man drei oder vier Stopps einlegt und sich eine Woche Zeit nimmt. Oder man nimmt eine Fähre.

Mit dem Schiff
Fähren verkehren regelmäßig zwischen Genua und Palermo (20 Stunden), Civitavecchia und Palermo (12 Stunden) sowie zwischen Neapel und Palermo (neun Stunden). Reservierung empfiehlt sich vor allem in den Sommermonaten. Die Überfahrt (Pkw und zwei Personen) von Genua nach Palermo kostet in der Hochsaison mindestens 350 €. Die Reederei Grandi Navi Veloce, die die meisten Fährverbindungen nach Sizilien anbietet, wird in Deutschland vertreten durch:
Voigt Seereisen Agentur
Colonnaden 21
20354 Hamburg
Tel. 040/18 01 60 00
www.gnr.it

Mit dem Zug
Keine gute Idee. Die Züge sind laut, immer überfüllt und viel langsamer und teurer als das Flugzeug. Es gibt schönere Möglichkeiten, schlaflose Nächte zu verbringen. Innerhalb Siziliens sollten Sie aber durchaus den Zug nehmen.

Mit dem Flugzeug
Schnellste und oftmals günstigste Anreise. Sizilien hat zwei internationale Flughäfen, die mehrmals täglich von Deutschland, Österreich und der Schweiz angeflogen werden: Falcone-Borsellino, 32 km westlich von Palermo, und Fontanarossa, 8 km von Catania. Im Frühjahr gibt es extrem billige LTU-Flüge nach Catania. Auch schön: Nach Neapel fliegen und dann mit der Fähre über die Liparischen Inseln nach Milazzo.

AUSKUNFT

Die Außenstellen des staatlichen Fremdenverkehrsamtes ENIT halten nur wenige Informationen bereit. Bei Anfragen wende man sich an die Fremdenverkehrsämter der jeweiligen Ferienorte (AAST steht für Azienda Autonoma di Soggiorno e Turismo) oder Provinzen (AAPIT ist die Abkürzung für Azienda Autonoma Provinciale per l'Incremento Turistico).

Italienische Zentrale für Tourismus ENIT
In Deutschland
Friedrichstr. 187
10117 Berlin
Tel. (030) 247 83 98
www.enit-italia.de
Kaiserstr. 65, 60329 Frankfurt
Tel. (069) 23 74 34
Lenbachplatz 2
80333 München
Tel. 0 89/53 13 17

In Österreich
Kärntner Ring 4, 1010 Wien
Tel. 01/5 05 16 39
Fax 505 02 48; www.enit.at

In der Schweiz
Uraniastr. 32, 8001 Zürich
Tel. 043/466 40 40
Fax 043/466 40 41
www.enit.ch

Diplomatische Vertretungen
Deutsche Konsulate
Viale Scaduto 2d
90141 Palermo
Tel. 091 625 46 60
Via San Sebastiano 13
98122 Messina
Tel. 090 67 17 80

Schweizer Konsulat
Via G. D'Annunzio
95100 Catania
Tel. 095 44 15 29

Österreichisches Konsulat
Via L. da Vinci 145
90145 Palermo
Tel. 09 16 82 56 96

ALLGEMEINE INFORMATION

FKK
Nacktbaden ist in Italien verboten, doch wird es an einigen abgelegenen Stränden praktiziert. Selbst „oben ohne" wird nicht gern gesehen.

Fotografieren
Die Benutzung eines Blitzlichtes oder Stativs ist in Museen und Kirchen meist verboten, manchmal auch das Fotografieren an sich.

Geld
Geldautomaten und Kreditkartengebrauch haben sich in Sizilien flächendeckend durchgesetzt.

Internet
Zahlreiche Infos zu Kultur, Hotels, Sport, Veranstaltungen auf Italienisch und Englisch.
www.sicilia.indettaglio.it
www.regione.sicilia.it/turismo
www.sicilyweb.com
www.enit.it
www.walksicily.de
Sizilien mit dem Rad
www.sizilien-rad.de

Kleidung
Nicht immer ist es heiß auf Sizilien. Im Frühjahr, wenn alles blüht, kann es auch kräftig regnen. Dann sollte ein Pullover oder eine Windjacke im Gepäck sein. Ebenso, wenn Sie auf den Ätna wollen.

Kriminalität
Vor der Mafia braucht sich kein Tourist zu fürchten, denn sie verdient im und mit dem Tourismusgewerbe. Um sich vor Kleinkriminellen zu schützen, gelten die gleichen Regeln wie in Berlin oder Paris: Keine Wertsachen im Auto, das Handschuhfach offen lassen. Die auf dem Motorrad heranbrausenden *scippatori* (Straßenräuber) machen Jagd auf Handtaschen. Pass, Kreditkarten und Geld sollte man daher lieber am Körper tragen.

Medizinische Versorgung
In den Tourismuszentren problemlos. Fast alle Gemeinden verfügen über eine Guardia Medica Touristica. Den mitgebrachten Auslandskranken-Versicherungsschein muss man beim Gesundheitsdienst (USL) in einen in Italien gültigen Krankenschein umtauschen, erst anschließend kann ein Arzt aufgesucht werden.
Eine private Reisekrankenversicherung empfiehlt sich daher als zusätzlicher Versicherungsschutz. Apotheken (*farmacie*) gibt es in jedem größeren Ort.

Notruf
Es gilt der in ganz Italien gültige Notruf 113 sowie 112 für die Carabinieri und 116 für die Pannenhilfe. Der ADAC-Notruf ist von Italien aus unter der Rufnr. 00 49/89/22 22 22 rund um die Uhr zu erreichen.

Post
Die Postämter sind werktags von 8.10-13.20 Uhr geöffnet, in größeren Städten häufig Mo-Fr auch bis 18 Uhr. Briefmarken (*francobolli*) sind zudem in den Tabakläden erhältlich.

Reisedokumente
Für Bürger aus Deutschland und Österreich genügt ein gültiger Personalausweis, für Schweizer die Identitätskarte.

Reiseknigge
Wenn Sie bei einer Sehenswürdigkeit auf einen wenig offiziell aussehenden Parkwächter treffen, geben Sie ihm den gewünschten Euro, die Italiener tun es auch.

Reisewetter
Die angenehmsten Reisezeiten sind die Monate April, Mai, Juni sowie September und Oktober. Das Frühjahr beginnt im Februar mit der Mandelblüte. Im Sommer ist es im Landesinnern oft ausgesprochen heiß. Mit Ausnahme der Gebirgsgegenden sind die Temperaturen auch im Winter angenehm, aber es regnet oft.

MERIAN-ORBIT
Auch aus einer Höhe von 700 km ist der Ätna gut zu erkennen. Seine Rauchfahne weht auf dieser Aufnahme bei Nordwind über Land. Im Norden sieht man den Bogen der Liparischen Inseln, westlich davon und im Wortsinne isoliert Ustica. Vor der Westspitze des Dreiecks die Ägadischen Inseln. Deutlich ist zu sehen, wie der im Sommer verbrannte Süden sich vom grünen Norden unterscheidet. Die Kette der Monte Sicani, der Madonie und der Nebrodi erhebt sich auf bis zu 1800 Meter Höhe, hier schneit es im Winter regelmäßig.

Sprache
Mit Deutsch und Englisch kommt man – abgesehen von Hotels und anderen touristischen Dienstleistungsbetrieben – nicht sehr weit, mit Französisch schon eher. Da ein Großteil der Bevölkerung nur Italienisch spricht, ist es empfehlenswert, sich Grundkenntnisse anzueignen. Allein der Versuch, sich in der Landessprache verständlich zu machen, wird wohlwollend angenommen. Aber auch wer gut Italienisch kann, mag scheitern: Auch Italiener verstehen den sizilianischen Dialekt nur mit Mühe.

Telefon
Öffentliche Telefonzellen sind häufig, auch in Bars und Hotels. Der Kauf einer Telefonkarte empfiehlt sich.

Vorwahlen
I ➞ D: 00 49; I ➞ A: 00 43
I ➞ CH: 00 41; D, CH ➞ I: 00 39
A ➞ I: 0 40; Achtung: Die Null vor der Ortskennzahl muss mitgewählt werden.

Trinkgeld
Trinkgeld (*mancia*) gehört einfach dazu. Wer sich im Restaurant oder an der Bar Münzen zurückzahlen lässt, gilt als kleinlich. Einem Touristen wird dies zwar eher nachgesehen, doch belastet es die Reisekasse sicherlich nicht sehr, wenn man an der Theke ein paar Münzen liegen lässt. Im Restaurant gelten 5 % als angemessen. Hotelangestellte und Taxifahrer wissen es zu schätzen, wenn ihre Dienste entsprechend honoriert werden.

VERKEHRSVERBINDUNGEN

Mietwagen
In allen größeren Städten, Touristenzentren sowie an den internationalen Flughäfen von Catania und Palermo sind Mietwagenagenturen vertreten. Ein Kleinwagen kostet rund 50 € pro Tag, in der Winter- und Vorsaison bieten auch die Großanbieter kräftige Rabatte (Kreditkarte mitnehmen!).

Auto
Für Touren ins Inselinnere brauchen Sie ein Auto, da manche Ziele mit öffentlichen Verkehrsmitteln gar nicht erreichbar sind. Die sizilianischen Straßen sind in weitgehend gutem Zustand. Zu Staus kommt es nur selten. Die Autobahnstrecken zwischen Messina und Palermo sowie von Messina nach Catania sind gebührenpflichtig.

Eisenbahn
Im Norden und Osten der Insel steht dem Bahnreisenden ein gut ausgebautes Streckennetz zur Verfügung. Die sicherlich schönste Tour ist eine Umrundung des Ätna mit der privaten Schmalspurbahn Ferrovia Circumetnea. Auf den Hauptrouten Messina - Palermo und Messina - Syrakus verkehren die Züge im Ein- bis Zwei-Stunden-Takt. Zugtickets unbedingt vor Fahrtantritt entwerten, sonst sind sie nicht gültig.

Bus
Alle größeren Städte besitzen einen Busbahnhof (*autostazione*). Dort finden sich die Büros der beiden großen Busgesellschaften AST sowie SAIS. Abgelegene Ortschaften werden nur selten durch den Linienverkehr bedient. Bei „Bergorten" wie Enna oder Taormina, die sowohl mit dem Bus als auch mit der Bahn zu erreichen sind, empfiehlt sich in jedem Fall der Bus, da der Bahnhof weit außerhalb des Zentrums liegt.

Mit dem Flugzeug
Der innersizilianische Flugverkehr zwischen Palermo, Trapani und Catania spielt für Touristen keine Rolle. Wer allerdings zur Insel Pantelleria oder zu den Pelagischen Inseln möchte, kann auch fliegen.

Mit dem Fahrrad
Im Sommer eine Qual. Sehr lohnenswert ist es jedoch, die kleinen Inseln mit dem Fahrrad zu erkunden.

Schiffe
Ausflüge zu den vorgelagerten Inseln sind von vielen Häfen aus möglich. Zur Hochsaison wird auch die kleinste Insel täglich angefahren, in der übrigen Zeit mehrmals wöchentlich. Zumeist hat man die Wahl zwischen der Fähre und dem Tragflügelboot (*aliscafo*). Das Tragflügelboot ist doppelt so schnell, aber auch doppelt so teuer wie die Fähre. Fahrkarten sind immer nur auf den Schiffen der Unternehmen gültig, bei denen man das Ticket gekauft hat.

Zeitungen
Die überregionalen deutschsprachigen Zeitungen sind in der Regel einen, selten zwei Tage nach Erscheinen erhältlich.

Zoll
Innerhalb der Europäischen Union bestehen keine mengenmäßigen Ein- und Ausfuhrbe-

schrän
brauch
die üb
kunge
0,25 l
tuosen
Zigare
oder 5
Tabak.
Weiter
Sie unt
www.b
www.z

FEIE

Banke
Geschä
tagen g
1. Jan.
6. Jan.
Osterm
25. Apr
der Bef
1. Mai
(Tag de
15. Aug
Himmel
1. Nov.
8. Dez.
Empfän
25./26.
Santo S

LESE

Die For
Andrea
2006 S
Fall geh
Montalb
der Krim

Auf And
Spuren
Maurizio
Lübbe 2
von Tato

du 770
Andrea C
Eine Spu
Du Verla
Die Schw
nimmt C
eines Siz

Ich woll
Lara Car
1999 Be
Machtve
schen Ge

Freuen Sie sich auf das nächste Heft | Im Handel ab 23. August 2007

Über den spitzen Dächern der „Weltstadt des Mittelalters" thront auf rotem Felsen die Burg

Keltenbesuch auf dem Walberla

Hase als Hommage an Dürer

1.FCN: „Clubberer" von klein auf

Nürnberg und die Fränkische Schweiz

Mittelalterliche Metropole, Wirtschaftsmacht der Neuzeit, Aufmarschplatz der Nazis: Kaum eine Stadt steht so im Fokus der deutschen Geschichte. Das im Krieg zerstörte Zentrum Frankens wurde mit Bedacht wieder aufgebaut und zieht immer mehr Besucher an – nicht nur wegen winziger Würste, Lebkuchen und dem Christkindlesmarkt

> Albrecht Dürer: ein Meister der Malerei in der goldenen Epoche der Stadt
> Clubkultur: eine Kugel, ein paar Kicker und eine immerwährende Fußball-Liebe
> Fränkische Schweiz: Ausflug in ein Land für Leib und Seele
> Tatort Nürnberg: Wie die Stadt die Last ihrer Nazi-Vergangenheit bewältigt

Zuletzt erschienen:

Juli 2007

Juni 2007

Mai 2007

April 2007

März 2007

Februar 2007

Viel Gold, viel Lesestoff: Das Byzantinisches Sizilien und Süditalien von Adele Cilento

aufs Korn nimmt und die Unterdrückung der (sizilianischen) Frau anprangert.

Sizilien, Sizilien!
Ralph Giordano, Kiepenheuer und Witsch, 2004
Siehe Seite 26

Eine Sizilische Reise
Alban Nikolai Herbst (dtv, 2002) Fantastisch-skurriler Roman.

Der Leopard
Giuseppe Tomasi di Lampedusa Piper Verlag, 1999 Zählt zu den großen Werken der italienischen Literatur. Erzählt wird die Krise des sizilianischen Adels vor dem Hintergrund der politischen Umwälzungen, ausgelöst durch die von Giuseppe Garibaldi herbeigeführte Einheit Italiens.

Bagheria
Dacia Maraini, Piper Verlag 2002 In ihren Kindheitserinnerungen prangert die Autorin die durch mafiose Strukturen bedingten Zerstörungen des sizilianischen Barockstädtchens Bagheria an.

Sizilien – ein literarisches Landschaftsbild
Ralf Nestmeyer (Hg.) Insel Verlag, 2000 Der Autor unseres Infoteils hat eine originelle Literaturauswahl getroffen: von sachkundlich bis poetisch, von klassizistisch bis journalistisch. Die Texte aus drei Jahrhunderten lassen Sizilien auch für den lebendig werden, der es nur in Gedanken bereist.

Wie ein Tag
Luigi Pirandello, dtv Verlag 2002 Acht kurze, zweisprachige Erzählungen von Luigi Pirandello, der 1934 den Literaturnobelpreis erhielt.

Der Pate
Mario Puzo, Rowohlt Verlag 2001 Mafiamelodram um einen in New York zu Macht und Einfluss gekommenen Sizilianer.

Mein Sizilien
Leonardo Sciascia, Wagenbach Verlag, 1995) Kurzgeschichten, in denen sich der Autor mit liebevoller Distanz mit seiner Heimatinsel beschäftigt.

Der Tag der Eule
Leonardo Sciascia, Aufbau Verlag, 2000 Der wohl bekannteste von Sciascias Kriminalromanen.

Spaziergang nach Syrakus im Jahre 1802
Johann Gottfried Seume, Insel Verlag, 2002 Ein Klassiker der Reiseliteratur. Seume wanderte von Deutschland bis nach Syrakus.

Italienische Reise **Johann Wolfgang von Goethe, Insel Verlag, 1976** Der Klassiker lohnt sich noch immer.

Die Richter
Alexander Stille, C. H. Beck Verlag, 2001 Faktenreicher und packender Hintergrundbericht über die Arbeit und den Tod der Mafia-Richter Giovanni Falcone und Paolo Borsellino.

Sizilien
Eckart Peterich, Prestel, 1992 Typisch Prestel: ein Reiseführer ohne eine einzige Adresse oder Telefonnummer, dafür hervorragend und kenntnisreich erzählt. Nur antiquarisch.

Palermo sehen und sterben
Roberto Alajmo, Hanser, 2007 Alajmo erklärt die Stadt einem imaginären Besucher, der sich angesichts von Lärm und Chaos nicht aus dem Hotel traut. Auch gut für Menschen, die gar nicht erst hinfahren.

REISEFÜHRER

MERIANlive Sizilien
Ralf Nestmeyer. TravelHouse Media München 2007 Kompakt, handlich und regelmäßig aktualisiert.

Sizilien
Baedeker Reiseführer, 2006 Wer im Bereich Kulturgeschichte noch Vertiefung braucht, ergänze den Bücherkoffer mit diesem.

GESCHICHTE

Italien
Emanuele Greco et. al. Herder 1991 Archäologischer Führer, nur antiquarisch

Geschichte Siziliens und der Sizilianer
Finley, Smith, Duggan, C. H. Beck Verlag 2002 Eine fundierte Darstellung der sizilianischen Geschichte von den Anfängen bis zur Gegenwart. Sie stammt aus der Feder dreier renommierter Historiker.

Mittelmeer, Kultur und Geschichte
David Abulafia, Belser 2003 Bild- und detailreicher Band zur Einbettung Siziliens in seinen historischen Zusammenhang.

Die Griechen
Moses Finley, Beck 1976 Wissenschaftliche, gut lesbare Einführung. Nur antiquarisch

Das antike Sizilien
Moses Finley, dtv 1993 Von der Vorgeschichte bis zur arabischen Eroberung.

Das byzantinisches Sizilien und Südaitalien
Adele Cilento, Michael Imhof Verlag, 2006. Prachtband mit vielen Bildern und präzisen Texten.

Wanderjahre in Italien
Ferdinand Gregorovius 1857 Das ursprünglich fünfbändige Werk ist bei Beck erschienen, aber nur noch antiquarisch erhältlich. Außerdem gibt es das Buch beim Projekt Gutenberg unter www.spiegel.de

MERIAN | INSELKUNDE

Geografie und Geologie
Mit einer Fläche von 25708 km^2 ist Sizilien die größte Insel im Mittelmeer. Die Griechen nannten sie wegen ihrer dreieckigen Form „Trinacria". Es ist nicht sicher, ob die Insel jemals mit dem Festland verbunden war oder erst im Tertiärzeitalter aus dem Meer aufgetaucht ist. Nur 3 km ist der Stretto breit, die Meerenge von Messina, die Sizilien vom italienischen Stiefel trennt. Das Wahrzeichen Siziliens ist der Ätna, der größte aktive Vulkan Europas. Sein rund 3314 m hoher Vulkankegel beherrscht die Ostküste Siziliens. Im Inselinneren gibt es nur wenige Ebenen, der größte Teil des Landes ist gebirgig und hügelig. Entlang der Tyrrhenischen Küste erstreckt sich eine mächtige Bergkette. In einem Abschnitt davon, der im Hinterland von Cefalù gelegenen Madonie, ist der größte Pflanzenreichtum der Insel anzutreffen. Mehr als die Hälfte aller auf Sizilien beheimateten Pflanzenarten sind in dem Gebirge zu finden und können dort bewundert werden.

Praktische Tipps, vor Ort recherchiert